Rodrigo Saraiva Marinho

A HISTÓRIA DO BRASIL
pelas suas constituições

Copyright © 2023 – LVM Editora

Os direitos desta edição pertencem à LVM Editora, sediada na
Rua Leopoldo Couto de Magalhães Júnior, 1098, Cj. 46
04.542-001 • São Paulo, SP, Brasil
Telefax: 55 (11) 3704-3782
contato@lvmeditora.com.br

Gerente Editorial | Chiara Ciadarot
Editor-chefe | Marcos Torrigo
Revisão | Laryssa Fazolo
Preparação | Márcio Scansani / Armada
Capa e diagramação | Décio Lopes

Impresso no Brasil, 2023

Dados Internacionais de Catalogação na Publicação (CIP)
Angélica Ilacqua CRB-8/7057

M291h	Marinho, Rodrigo Saraiva
	A História do Brasil pelas suas Constituições: uma introdução / Rodrigo Saraiva Marinho. São Paulo: LVM Editora, 2023. 144 p.
	ISBN 978-65-5052-061-8
	1. História constitucional 2. Brasil [Constituição] I. Título
23-0809	CDD 981

Índices para catálogo sistemático:

1. História constitucional

Reservados todos os direitos desta obra.

Proibida a reprodução integral desta edição por qualquer meio ou forma, seja eletrônica ou mecânica, fotocópia, gravação ou qualquer outro meio sem a permissão expressa do editor. A reprodução parcial é permitida, desde que citada a fonte.

Esta editora se empenhou em contatar os responsáveis pelos direitos autorais de todas as imagens e de outros materiais utilizados neste livro. Se porventura for constatada a omissão involuntária na identificação de algum deles, dispomo-nos a efetuar, futuramente, as devidas correções.

SUMÁRIO

Agradecimentos 9
Prefácio 11
    Constituições pelo mundo 12
    As Nações com o maior número de constituições 15
    A minha constituição de predileção 20

Introdução 23

Capítulo 1 | As constituições brasileiras
            são inimigas da liberdade? 27
    Constituição outorgada X promulgada 28
    As sete constituições republicanas 29
    Emendas 31

Capítulo 2 | Constituição de 1824 35
    A Revolução Francesa e suas consequências para o Brasil 36
    Brasil monárquico 38
    A Constituição de 1824 40
    O Golpe Republicano 56

Capítulo 3 | Constituição de 1891 59
    Brasília 64
    A Constituição de 1891 65

Capítulo 4 | Constituição de 1934 70
    Fascismo no Brasil 73

Capítulo 5 | Constituição de 1937 85

Capítulo 6 | Constituição de 1946 95
    A Constituição 97
    O Brasil de 1946 a 1964 104

Capítulo 7 | Constituição de 1967 107
    Ditadura de Direita x Ditadura de Esquerda 108
    Ditadura Envergonhada 109

Capítulo 8 | Emenda Constitucional de 1969 121

Capítulo 9 | Constituição de 1988 125
    A Carta do Papai Noel, vulgo a Constituição Cidadã 131
    As qualidades da CF-88 140
    Os problemas da CF-88 142

AGRADECIMENTOS

Eu sempre fui apaixonado pelo Direito, porém durante a faculdade não fazia sentido para mim quando códigos e legislações esparsas eram tratadas como Direito sem ter uma base maior. A primeira vez que li o livro A Lei, de Frederic Bastiat, logo na primeira página, tudo fez sentido: "a vida, a liberdade e a propriedade não existem pelo simples fato de os homens terem feito leis. Ao contrário, foi pelo fato de a vida, a liberdade e a propriedade existirem antes que os homens foram levados a fazer as leis."

Friedrich August von Hayek também ensina na sua trilogia: Direito, Legislação e Liberdade, a diferença entre Law (Direito) e Legislation (legislação). Ele explica que o Direito é descoberto, enquanto a legislação deveria ser tão somente a forma de organização do estado.

Durante a minha carreira acadêmica ao fazer graduação, especialização e mestrado parecia que o Brasil somente tinha tido uma única Constituição, a de 1988, e que o passado não era importante e não merecia ser estudado.

Por conta disso, resolvi escrever esse livro de uma maneira que qualquer um, mesmo quem nunca tenha estudado Direito, possa entender as consequências históricas para o nosso país das oito constituições, inclusive a de 1969, que nós tivemos. Isso somente foi possível com a ajuda de pessoas muito especiais.

Gostaria de agradecer a Ana Maria Lacerda que me auxiliou em transformar um curso on-line nesse livro. Agradeço também a LVM Editora em nome dos meus sócios: Helio Beltrão, Luiz Fernando

Pedroso, Raduan Melo e os demais sócios da PWR Gestão, Wilson Sá, Paulo Victor Porto, Miguel Dyna e Eduardo Bayma.

Sem o apoio necessário dos editores Chiara Ciodarotti, Marcos Torrigo, Pedro H. Alves e todo o time da LVM Editora esse livro não seria possível, meu muito obrigado a cada um de vocês por isso.

A família é base de tudo, e por isso sou muito grato ao meu pai que já partiu, Francisco Célio Cavalcante Marinho, a minha mãe, Francisca Ilca Saraiva Marinho, e as minhas irmãs, Anne Caroline Saraiva Marinho, Nelie Aline Saraiva Marinho e Patrícia Saraiva Marinho. A minha sogra, Angélica Madruga e para cunhada Luciana Madruga. Um beijo nos meus lindos sobrinhos, Marcelinho, João, Bianca e Malu, além de Letícia e Samuel.

Aos meus filhos, Pedro e Arthur, eu amo vocês infinitamente, nunca esqueçam que sempre poderão contar com o papai.

Por fim, gostaria de dedicar esse livro a Heloisa Melo Madruga Fernandes Marinho, minha companheira de aventuras, o meu amor, aquela que está ao meu lado e faz toda diferença. Te amo, minha esposa.

PREFÁCIO

DIGA-ME COM QUE CONSTITUIÇÃO TE IDENTIFICAS E TE DIREI QUEM ÉS

Chiara Ciodarot[1]

> *"Para mis amigos: todo,
> para mis enemigos: la ley".*
>
> (Ditado popular espanhol)

Se existe algo que o brasileiro mais desconhece, além da própria História do Brasil, é as suas constituições. Não se trata propriamente da Constituição de 1988, cujos artigos são tão debatidos[2], virando objeto cenográfico para partidos políticos ou manual de receita para togas. E sim das outras *sete*[3] que as pessoas esquecem que existiram ao longo de 200 anos de Nação independente. Para muitas pessoas, pode parecer demasiado o número de constituições brasileiras quando lembramos que a dos Estados Unidos da América está em vigor desde 1788, mas se há uma coisa que o ser humano gosta é a de sempre se superar (como veremos mais a seguir).

---

1. Doutora em Literatura, Cultura e Contemporaneidade pela PUC-Rio, estudiosa na área de História do Brasil e autora de livros de ficção históricos.
2. Vide os lançamentos da LVM Editora: *A Libertadora* (2022), de Luiz Philippe de Orleans e Bragança e *Uma Nova Constituição para o Brasil* – 2ª ed. (2022) de Modesto Carvalhosa.
3. Contabilizando a Emenda Constitucional de 17 de outubro de 1969.

É com esse tom de ironia que Rodrigo Saraiva Marinho nos apresenta as oito constituições brasileiras em *A História do Brasil Pelas Suas Constituições*, apontando a complexidade jurídica brasileira que impede o país de crescer. Com o intuito de responder à pergunta "Por que o Brasil não dá certo?", Marinho passeia com maestria, e de forma suscinta, pelas constituições, mostrando que o problema está além dos próprios absurdos nelas contidos, ademais das más redações: está no excesso.

E a quantidade de textos constitucionais não se restringe somente ao Brasil. Entretanto, percebe-se que quanto mais se estuda as constituições em vigor e as que vieram antes, mais elas mostram as marcas dos dedos daqueles que as criaram na tentativa de alcançarem a realidade que almejavam, que acreditavam (*sharia*), ou em que viviam (constituições soviéticas). Digitais estas impregnadas de história e cultura e que, somadas às leis e regras, formam o que uma constituição deve ser: a certidão de (re)nascimento de uma Nação, ou melhor, o seu documento de identidade que serve para mostrar sob quais limites um país existe.

Dessarte, quando Rodrigo Marinho nos apresenta as Cartas brasileiras, podemos nos perguntar: quantas são as identidades do Brasil? Haveria uma verdadeira identidade? Ou somos esquizofrênicos demais a ponto de ficar mudando de identidade a cada sistema de governo? É uma pluralidade histórica que não é a solução e sim, o problema. Independente do (E)estado de sanidade que se infiltra nas camadas da História do Brasil, a problemática acaba se tornando a insegurança jurídica causada pelas mudanças recorrentes que, como os diversos planos econômicos, não permitem o crescimento constante.

Constituições pelo mundo:

Os códigos e leis são antigos sinais da construção de civilização do homem que, saindo do estado de barbárie, inicia a organização social. Um desses códigos bem conhecidos é a chamada Constituição de Medina, redigida em 622 d. C. pelo profeta Maomé, que buscava entrar num acordo com famílias e tribos de origem judaica, mulçumana e pagãs e acabar com as disputas na região de Medina.

Nesse sentido, o termo constituição é uma derivação da palavra latina *"constituere"*, que significa constituir, ou instituir em conjunto. Porém, quando surgiu, à época dos romanos, tinha um emprego diverso do contemporâneo: era qualquer lei outorgada pelo imperador romano. Algum tempo depois, a palavra tornou-se mais abrangente e abarcou as leis canônicas do Papa em Roma.

Esses primeiros códigos e leis, portanto, diferem bastante do que hoje são as constituições modernas, mas podem ser considerados vestígios delas. Das leis escritas, a mais antiga que se tem notícia é o Código de Ur-Nammu de 2050 a. C. – anterior ao famoso Código de Hamurabi (c. 1772 a. C.). Levando o nome de seu criador, o rei Ur-Namu copilou as leis do direito sumério (boa parte sobre costumes). Curiosamente, o rei de Ur trocou a pena de talião pela pena pecuniária no seu código, ou seja, criava o princípio de "reparabilidade" – em outras palavras, "danos morais"[4].

Avançando algumas centenas de anos, passando pelas Doze Tábuas dos romanos (considerada por alguns sua primeira constituição), de 449 a. C., e o *Codex Theodosianus*, de 438 a. C., chegamos a Aristóteles e seus estudos sobre leis ordinárias e constitucional de Atenas, Esparta e Cartago, transcritos nos textos: *Política, Constituição de Atenas* e *Da ética de Nicômaco*. O sábio grego foi também quem primeiramente delineou as diferenças entre governos constitucionais e a qualidade das constituições.

Quanto mais o mundo muda, as constituições passam a sofrer alterações em assuntos que vão de direitos dos animais, casamento entre pessoas do mesmo sexo, meio-ambiente etc.

Mas algumas dessas mudanças podem ser mais profundas e irreparáveis, alterando toda uma lógica jurídica "e, por consequência,

---

4. Para mais, há um delicioso artigo sobre o assunto: *Constitutions around the world: a view from Latin America*, de José Luis Cordeiro, no Institute of Developing Economies. Link: https://www.ide.go.jp/English/Publish/Reports/Dp/164.html

muda o país, pois o sentimento não é mais o anterior à mudança e o arcabouço jurídico constitucional", explica Marinho.

Por outro lado, há também aquelas constituições que pouco mudaram, apenas sendo emendadas. O título de Constituição mais antiga ainda em vigor é disputado entre duas: a dos Estados Unidos da América, de 21 de junho de 1788, e a da República de San Marino, de 8 de outubro de 1600 – mais de um século de diferença! Com essas datas deveria ser óbvia vitoriosa, mas estudiosos alegam que nem toda a Constituição de San Marino (influenciada pelo *Statuti Comunali* e o *Codex Justinianus*) é considerada lei, enquanto a americana é usada como base para diversas outras que surgiram *a posteriori* (como a polonesa e francesa pouco tempo depois, no ano de 1791) por causa de princípios como o congresso bicameral, separação dos três poderes e o sistema presidencial – não se deve esquecer que no final do século XVIII grande parte do mundo ou fazia parte do sistema colonial ou era regido por regimes monárquicos. Ao longo dos anos, a Constituição americana, que possui sete artigos, passou por 33 emendas (com apenas 27 ratificadas) que delimitam o poder federal. As dez primeiras ficaram conhecidas como "*Bill of Rights*" datadas de 1791.

Enquanto as constituições dos sistemas democráticos determinam como deve ser as relações políticas entre governo e cidadãos, há as baseadas no sistema socialista e comunista (soviéticas) que descrevem as relações políticas em curso. Os direitos políticos do povo, portanto, não podem confrontar os ideais e critérios da "mãe pátria" (decididos pelo Partido Comunista), além de não haver garantia de direitos ou proteções ao indivíduo – como no caso das democráticas. Dessarte, quando existem mudanças socioeconômicas ou políticas, as constituições devem ser alteradas de acordo, surgindo novas. É o caso da antiga URSS, que teve quatro ao longo de sua existência. A primeira, com 90 artigos, surgiu com a Revolução Russa em 1918, seguida das de 1924 (72 artigos), 1936 (146 artigos) e 1977 (174 artigos). Com o fim da URSS, em 1993 a Rússia criou uma constituição, ainda em vigor, que põe nas mãos do presidente todos os poderes.

Se por um lado a política influencia as constituições, o mesmo pode acontecer com as religiões. Uma das primeiras que se tem conhecimento é a japonesa de 604 d. C., conhecida como a Constituição dos 17 Artigos. Com referências ao Budismo e ao Confucionismo, é mais um compêndio de leis morais e sociais do que propriamente sobre formas de governo (à época era uma monarquia absoluta). Seguindo um padrão semelhante há o *Huang-Ming Zuxun* de 1375, na China da dinastia Ming e que perdurou 250 anos, e era dividida em: Prefácio, Harem, Rituais, Gerenciamento de Riscos, Política Nacional, Protocolo, Legislação, Câmaras Internas, Eunucos, Administração, Guarda, Trabalhos Públicos e Fundos Públicos.

Também por causa da religião, algumas Nações não possuem constituições, como no caso das sauditas que consideram o Alcorão a Lei (*sharia*). Porém, não somente os muçulmanos desaprovam uma lei humana acima da divina. Apesar de haver a promessa de uma constituição na sua declaração de independência em 1948, Israel não tem uma escrita pois, segundo os judeus ortodoxos, não pode haver uma Carta ou governo acima da Torá (livro sagrado do Judaísmo), Talmude (ensinamentos explicativos da Torá) e Tanakh (Bíblia hebraica, que contém o Antigo Testamento). Em contrapartida, os palestinos possuíram quatro constituições: 1968 (curiosamente defende a destruição de Israel em seus artigos), 1994, 1996 e 2003 (na qual declara Jerusalém a capital do Estado Palestino).

As Nações com o maior número de constituições:

Em seu livro, Rodrigo Saraiva Marinho deixa claro que ter muitas constituições pode demonstrar não só uma instabilidade jurídica, mas apontar para problemas econômicos e políticos: "Podemos perceber que uma das consequências da insegurança jurídica causada pelo excesso de mudanças constitucionais que sofremos foi, também, a insegurança monetária e econômica". E claro que a América Latina não foge a regra. Na verdade, toma a frente.

O que são oito constituições brasileiras perto das vinte que o Equador teve? Considerada a quarta Nação com o maior número de constituições no mundo, o país sul-americano sofreu uma longa batalha pela independência contra a Coroa Espanhola (1809-1822) e depois com a separação da Venezuela e da Colômbia em 1830. Nesse interim, surgiu a sua primeira Constituição com "meros" 75 artigos – pequena em comparação a atual (2008) com 444 artigos, o que faz dela uma das maiores do mundo!

Como terceiro colocado mundial temos: Haiti com 24 constituições[5] – alteradas segundo os sistemas de governo que foram de Império a Reino e a República. Não se deve esquecer que o Haiti, depois dos Estados Unidos, foi a segunda Nação das Américas a ser independente do domínio europeu (a Revolução Haitiana durou de 1791-1804) e sua primeira constituição começou a ser desenvolvida ainda na época da revolução com 77 artigos, e um deles apontando Toussaint Louverture, chefe da revolução, como governador vitalício. Porém, Louverture morreu antes de terminar a revolução e seu companheiro revolucionário Jean-Jacques Dessalines tomou para si o cargo, transformando o Haiti em império e se coroando Jacques I, e em seguida outorgando a primeira Constituição em 1805.

Por questões óbvias, a malfadada Venezuela, que foi um dos primeiros países latino-americanos a ser independente da Espanha e redigiu a segunda constituição da região (1811), recebe a segunda colocação com 26 constituições contabilizadas. A atual, nomeada Constituição Bolivariana (351 artigos), passou por referendo popular em 1999. Para a ironia da História, o então ditador Hugo Chávez considerava-a a melhor do mundo, e mesmo assim quis modificá-la em 2007! Uma curiosidade da Bolivariana é a de que o presidente não pode sofrer *impeachment* pelo Congresso (unicameral) e sim, somente no caso de referendo popular ou pelo Superior Tribunal (STF). Além

---

5. A última constituição foi promulgada em 1987 e totalmente aplicada somente sete anos depois.

disso, existem cinco Poderes ao invés dos três que conhecemos – são eles: Executivo, Legislativo, Judiciário, Eleitoral e Cidadão. O Eleitoral é responsável pelas eleições e o Cidadão é composto por três cargos que representam e "defendem" o povo fiscalizando a presidência, o Legislativo e se a Constituição está sendo seguida.

Quem ganha de goleada nessa estúpida competição de constituições é a República Dominicana com – *apenas!* – 32 constituições, desde 1844. E nós que achávamos que o Brasil não era para iniciantes, podemos concluir que a América Latina tampouco é. O segundo maior país caribenho tornou-se independente do Haiti em 1844 (sim, os haitianos o colonizaram após Espanha e França!), data do surgimento da sua primeira Constituição com 211 artigos. O mais absurdo talvez tenha sido o fato nada constitucional de que em apenas 17 anos de independência, os dominicanos assinaram um pacto com os espanhóis para retornarem ao *status* de Colônia hispânica (o que durou 4 anos e muitas batalhas). O grande número de constituições também se dá, em grande medida, por causa do ditador Rafael Leonidas Trujillo, que escreveu e reescreveu sua própria constituição diversas vezes entre 1930 e 1961 – uma prática aparentemente comum por lá, uma vez dessas 32 constituições, muitas são modificações das anteriores, como a da própria de 1844.

A título de curiosidade, na América do Sul, os países com menos constituições são Argentina (1816) e Paraguai (1811), ambos com apenas 6 cada, porém a da Argentina, atualmente em vigor, é a mais antiga da região, datada de 1853. Uruguai (1828) teve 7 constituições – apenas uma a menos que o Brasil (1822) – e Colômbia (1810) e Chile (1818) com 10 constituições cada. O Peru (1821) teve 12 e a Bolívia (1825) 16, o mesmo número que a França teve! *Oh Là Là!*

Pode-se, então, perceber que ter mais leis não significa resolver crises, sobretudo se são malfeitas ou inviáveis. Leis bem-feitas, aplicáveis e justas, podem ser a solução para o crescimento e desenvolvimento de um país, independente da sua quantidade.

Não se trata de uma visão minimalista, mas de uma visão qualitativa. Pois ter apenas uma ou poucas constituições pode ser sinal de sistemas teocráticos ou autocráticos como no caso da África. Enquanto a constituição mais antiga do continente africano surgiu em 1820 na Libéria[6] – escrita por ex-escravos e seguindo os modelos da Constituição Americana – há outras como a da Tunísia que se manteve a mesma de 1959 (após a independência da França) a 2022, mudando três vezes um mesmo artigo: o período do mandato a presidência[7]. Quando foi aprovada a que está em vigor, em 2022, o Executivo ganhou mais poderes, dentre os quais nomear juízes e propor leis.

Muito parecida foi a situação da Angola que, desde sua independência de Portugal (1975) possuiu uma mesma constituição e o mesmo "presidente". Somente em 2010 foi convocada uma Assembleia Nacional e promulgada uma Carta Magna que restringiu a quantidade de mandatos presidenciais a dois.

Enquanto algumas Nações possuem Constituições em demasia, há aquelas que faltam, como a Nova Zelândia (antiga colônia britânica), o que pode estar atrelado ao fato de o próprio Reino Unido nunca ter tido uma constituição formal, pois sempre seguiu os princípios da *common law*. Porém, é a sua Magna Carta[8], de 15 de junho de 1215, considerada por muitos o gérmen das constituições modernas.

O rei João Sem Terra[9] havia sido obrigado a assinar a Magna Carta pelos nobres ingleses para se manter no poder (ainda que limitado pela mesma) após as diversas perdas de uma expedição

---

6. Substituída depois por mais três. A atual é de 1986.
7. Em 1988 deu-se limites, dez anos depois foi decidido que poderia haver até três mandatos seguidos e, a partir de 2002, até cinco mandatos.
8. Antes dela houve a Pequena Carta, outorgada por Henrique I (1100-1135) na qual o rei se comprometia a respeitar os direitos feudais, os costumes anglo-saxões e a Igreja, dentre os quais a não criar impostos feudais irregulares.
9. Talvez mais conhecido por causa dos filmes de Hollywood de Robin Wood em que há o "vilanesco" rei João, irmão do rei cruzado Ricardo Coração de Leão.

militar continental contra o rei da França e a derrota de Bouvines (que causou a perda de diversos territórios franceses). Redigida em latim[10], teria se perdido aquela que é considerada "a base das liberdades inglesas"[11] se não fosse a agilidade dos altos prelados, que fizeram cópias e impediram o apagamento do documento na História. Vale lembrar que não teria sido destruído apenas o molde constitucional (dividido em preâmbulo e "cláusulas"), mas as 67 cláusulas que, entre elas, traz um dos mais importantes direitos do homem: o *habeaus corpus*[12] – que reaparece regulamentado em 1679, no *Habeas Corpus Act*.

Constituições mais antigas sempre serão emendadas ou substituídas por outras vindouras, mas nem em todos os casos. A atual Constituição da Indonésia é a que foi primeiro criada (1945) após a independência dos holandeses. Mas ela nem sempre foi a única. Houve mais duas no interim: a de 1949 e uma provisória em 1950. Como não se chegava a um acordo em relação a esta última, o então presidente Sukarno, retomou a de 1945, que permaneceu sendo emendada diversas vezes (de 37 artigos passou a ter 73 artigos).

Resta uma esperança para os amantes da Constituição brasileira de 1824, considerada por muitos, entre eles Marinho, como a mais bem-feita do Brasil, sobretudo por causa da sua alta adaptabilidade: "poderia estar em vigor até hoje, pois era possível mudar o regime jurídico para, por exemplo, o presidencialismo sem precisar mudar a base constitucional".

---

10. Só seria traduzida ao inglês no século XVI.
11. CARDOSO, Antonio Manoel Bandeira. *A Magna Carta: conceituação e antecedentes*. R. Inf. Legisl., Brasília, a.23, n.91, jul/set. 1986. Disponível em: https://www2.senado.leg.br/bdsf/bitstream/handle/id/182020/000113791.pdf
12. Cláusula 39: "Nenhum homem livre será detido ou aprisionado, ou privado de seus direitos ou bens, ou declarado fora da lei, ou exilado, ou despojado, de algum modo, de sua condição; nem procederemos com força contra ele, ou mandaremos outros fazê-lo, a não ser mediante o legítimo julgamento de seus iguais e de acordo com a lei da terra".

A minha constituição de predileção:

"Diga-me com que Constituição te identificas e te direi quem tu és"; o trocadilho nesta frase usando como base o ditado popular possui um sarcasmo evidente e, como em toda brincadeira há um fundo de verdade, não podemos negar que a opção de cada um por uma constituição pode ser sinal de quem é.

No meu caso, tenho certa predileção pela de 1824, a mais liberal e longeva de nossa História, e outorgada por D. Pedro I durante um período político conturbado. Meu interesse não é pelos seus artigos e detalhes jurídicos, mas sobre o que passou nas entrelinhas destes para que pudessem vir à luz.

A sua história em si merece ser recontada diversas vezes, sobretudo quando hoje fazem carapuça do imperador D. Pedro I, preferindo enfatizar seus vícios do que comentar as suas virtudes, entre elas a alma constitucionalista, fazendo-o ser chamado pelo primeiro-ministro austríaco Metternich – defensor do absolutismo – como o "príncipe liberal".

A confusão que se deu quanto a Assembleia de 1823 – que preparava a constituição que ficaria conhecida como "Mandioca" – foi uma disputa de poderes entre o poder legítimo do imperador e do legislativo[13], que queria se por acima dele como representantes do povo. É preciso sempre deixar claro que nem D. Pedro I nem D. João VI eram contra uma constituição. Durante a regência de 1821, D. Pedro defendia a existência de uma constituição e os ideais liberais, e o mesmo se via no seu pai que havia sugerido a possibilidade de adaptar a constituição que as Cortes Portuguesas estavam fazendo para o Brasil.

Não foi com susto que, antes mesmo da Proclamação da Independência em setembro, D. Pedro já convocava a Assembleia Constituinte em 3 de junho de 1822 – que só começou em 3 de maio de 1823. O anteprojeto com 242 artigos foi entregue a D.

---

13. Para mais, sugiro o livro *Império de Verdades*, de Luiz Philippe de Orleans e Bragança, lançado em 2022 pela LVM Editora.

Pedro I para sua apreciação para depois ir à discussão pública em plenário. Nesse período começaram as confusões com os militares portugueses, que haviam lutado pela independência do Brasil, e membros da própria Assembleia que queriam lhes tirar os direitos. E se uma coisa D. Pedro primava eram direitos, como explica numa carta ao marquês de Resende datada de fevereiro de 1824:

> [...] um imperante que não ama a liberdade do seu país, e que não dá aos povos aquela justa liberdade, que lhes assegure suas propriedades e pessoas, e que antes trabalha com mil malhos em fazer grilhões, não só para agrilhoar seus súditos, mas para, junto com outros imperantes, agrilhoar o mundo inteiro, é indigno de ser imperante, deve pertencer à classe das feras, e não dos homens, e ser proscrito da sociedade [...] Amo a liberdade. E se me visse obrigado a governar sem uma Constituição, imediatamente deixaria de ser imperador, porque quero governar sobre coração com brio e honra, corações livres e não sobre corações lodosos, podres e servis, como os daqueles povos onde ainda não há constituição, e que ainda no século presente aturam um jugo de ferro, que quando chegar a quebrar-se (como em breve acontecerá), aí dos imperantes[14].

A briga com a Assembleia escalonou de tal maneira que D. Pedro I fechou-a (só tinham discutido 10% dos artigos) e ele mesmo decidiu outorgar uma constituição mais simples, usando como base o projeto de 1823, e que não ferisse os direitos dos cidadãos. Em conjunto com um Conselho de Estado – nomeado para isso – buscaram-se as bases nos princípios do liberalismo francês de Benjamin Constant e no estudo de outras constituições como a portuguesa, francesa e norueguesa. O próprio imperador lia e anotava o texto que estava sendo preparado, pois queria uma constituição simples. Já dizia o mestre Confúcio, "A vida é bem simples, mas insistimos em complicá-la".

Além disso, ela deveria ser executável e justa, como D. Pedro I mencionou numa Fala do Trono: "Todas as Constituições, que à maneira das de 1791 e 92 têm estabelecido suas bases e se tem querido

---

14. REZZUTTI, Paulo. *D. Pedro: a História Não Contada*. São Paulo: Leya, 2015, p.177.

organizar, a experiência nos tem mostrado, que são totalmente teoréticas e metafísicas, e por isso inexequíveis, assim o prova a França, Espanha, e ultimamente Portugal"[15].

Aprovada pelas Câmaras das províncias, foi outorgada em 25 de março de 1824, "a única das sete constituições brasileiras referendada por diversos distritos", ressaltou Luiz Philippe de Orleans e Bragança em seu livro *Império de Verdades*.

Engana-se quem acha que D. Pedro I ficou em uma constituição apenas. Conseguiu o feito inédito de outorgar uma segunda em menos de dois anos e para outra Nação!

Quando D. João VI conseguiu retomar o poder retirado pelas Cortes Portuguesas, prometeu ao povo português uma nova constituição, porém morreu antes de concluir a promessa. Seguindo os desejos do falecido pai, D. Pedro IV (nosso D. Pedro I) outorgou em 29 de abril de 1826 a Carta Constitucional aos portugueses, e abdicou do trono no mês seguinte em nome de sua filha D. Maria.

As premissas da Carta portuguesa eram as mesmas da brasileira (monarquia hereditária, quatro Poderes e direitos à liberdade, segurança e propriedade), apesar de ser ainda mais simples e direta. Todas as vezes que a tentaram substituir por outra, pouco tempo depois retornava. A primeira vez que a substituíram foi em maio de 1828, com o golpe de D. Miguel, que se coroaria rei de Portugal. Ele durou no poder até 1834, quando perdeu a Guerra dos Dois Irmãos contra D. Pedro. Com a morte deste, após a ascensão da filha ao trono, vitimado pela tuberculose, a Carta das Cortes Portuguesas (1822) ficou sendo usada até 1842, quando houve novo golpe que fez com que perdurasse a Carta Constitucional de 1826 até 1910, caindo junto com a monarquia portuguesa como no Brasil.

---

15. ABREU E LIMA, J. I. *Compendio da História do Brasil*, vol. II. Rio de Janeiro: Laemmert, 1843, p. 104.

INTRODUÇÃO

POR QUE O BRASIL NÃO DÁ CERTO

"Por que o Brasil não dá certo?", pode parecer uma pergunta capciosa à primeira vista – e talvez só não seja tão irônica quanto "O Brasil não é para iniciantes" –, mas não o é, sobretudo quando em comparação com máximas como "Brasil, o país do futuro". Nada pior do que a expressão: país do futuro. Por quê? Porque o futuro não existe, é uma abstração, um conceito, produto de linguagem. O que existe é o presente em que se vive e o passado em que se viveu. Ambos trazem a certeza de fatos e experiências. Portanto, nada poderia ser pior do que focar na ideia de um país que se pretende construir (futuro) para que possa existir. E ainda sem *deadline*! Quando ocorreria esse "futuro"? Daqui a uma semana? Em três anos? Em cinquenta anos? Dois séculos?

E qual o projeto que catapultaria esse país ao futuro?

É, o Brasil não é mesmo para iniciantes…

Existiram e existem diversos projetos para o país e das mais múltiplas categorias. Para facilitar a entender por que o Brasil não dá certo, analisemos somente as Constituições que existiram no Brasil. Contando com a Emenda Constitucional de 1969, totalizam-se oito Constituições em duzentos anos de país! São 25 anos por Constituição e, se levarmos em conta a média de 76 anos[16] da expectativa de vida

---

16. Para mais informações: https://agenciabrasil.ebc.com.br/geral/noticia/2021-11/expectativa-de-vida-no-brasil-sobe-para-768-anos, acesso em 3/mar/2023.

de um brasileiro, poderíamos dizer que uma pessoa passaria por, pelo menos, três Constituições ao longo da vida!

É claro que estou exagerando os dados. Houve Constituições que duraram mais de 60 anos (1824) e outras, dois anos (1934), algumas foram absurdamente totalitárias (1937 e 1969), enquanto houve as mais liberais (1824). A proposta aqui é mostrar que enquanto em outras nações a mesma Constituição vale de sua gênese, no Brasil mudamos a nossa Carta Magna a cada novo sistema de governo, resetando o passado em busca de um futuro que nunca chega.

Talvez as Constituições só não percam para os planos econômicos brasileiros. Foram nove moedas em duzentos anos: Réis (até 1941)[17], Cruzeiro (até 1967), Cruzeiro Novo (até 1970), Cruzeiro (até 1986), Cruzado (até 1989), Cruzado Novo (até 1990), Cruzeiro (até 1993), Cruzeiro Real (até 1994) e, por fim, o Real.

Podemos perceber que uma das consequências da insegurança jurídica causada pelo excesso de mudanças constitucionais que sofremos foi, também, a insegurança monetária e econômica. Reforça-se, portanto, a ideia de que o Brasil não deu certo por tantas mudanças legais, tornando-se um país confuso e preso a um ideal de futuro que não chega.

Se adicionarmos a essa conta de desventuras jurídicas e econômicas os problemas políticos, a soma fica ainda mais futurística. O nosso Congresso Nacional foi fechado seis vezes! A primeira vez foi em 1889 com o Golpe da República e, pouco tempo depois, em 1891 com o golpe de Floriano Peixoto. Em 1930, quando Getúlio Vargas, através de um golpe com a ajuda do Exército, assume o poder, o Congresso Nacional é fechado durante quatro anos. Em 1934, dois anos depois da Revolução Constitucionalista, em que os paulistas exigiam uma nova Constituição, surge a terceira Constituição.

---

17. Real era o padrão monetário de Portugal. Sendo uma colônia portuguesa, o Brasil adotava a mesma moeda; *réis* foi a corruptela adotada no Brasil para o plural da unidade monetária. (N. R.)

Mas em 1937, o ditador Vargas outorga a quarta Constituição e é novamente fechado o Congresso Nacional, que fica suspenso até 1946, quando, finalmente, o Brasil sai da ditadura varguista e volta à democracia. E a situação piora novamente com o Golpe Militar e a ditadura que se segue, fazendo com que seja fechado três vezes seguidas: 1966/1967, 1968/1969 e 1977. Este último fechamento tinha o intuito de fortalecer a nova ditadura militar que se implantara em 1964, e depois dele não houve outro, já que passamos a ter o equilíbrio dos Poderes desde que voltamos à democracia, o chamado *checks and balances*.

Portanto, num país repleto de entraves políticos, planos econômicos e Constituições, não tem como acreditar que teria como ele dar certo. Não só por toda a complexidade causada por essas mudanças, bem como pela dificuldade gerada por elas em tornar o Brasil um lugar propício para a geração de negócios e, consequentemente, mais rico e próspero.

O intuito deste livro é responder através da análise das oito Constituições brasileiras a pergunta: por que o Brasil não dá certo? E, quem sabe, conseguirmos incentivar os brasileiros a buscarem um marco legal definitivo que defenda mais vida, mais liberdade e mais propriedade, e menos intervenção governamental. Esses são os direitos inatos ao homem e é com eles que nós vamos conseguir, de fato, mudar o país e transformá-lo no país do presente e não das abstrações.

CAPÍTULO 1

AS CONSTITUIÇÕES BRASILEIRAS SÃO INIMIGAS DA LIBERDADE?

Inspirado no curso ministrado pelo juiz Andrew Napolitano no Mises University do Alabama, nos Estados Unidos, a proposta deste livro é trazer perspectiva tanto histórica quanto jurídica das Constituições brasileiras. No seu curso, Napolitano tratou da Constituição americana e os seus *Founding Fathers* [pais fundadores]. Ele tem uma vantagem imensa em relação à minha perspectiva, porque, desde a fundação americana, os Estados Unidos têm somente uma Constituição com mais de duzentos anos. No Brasil, nós tivemos oito constituições em duzentos anos, e a nossa atual já foi reformada 105 vezes! De fato, o Brasil não é para iniciantes...

A ideia de uma Carta Magna surgiu em 1215 com a Carta de João Sem Terra[18]. A Carta Magna inglesa foi usada para limitar o poder do rei, uma amostra de que inclusive ele se submeteria à lei. Foi uma maneira de sair de uma perspectiva *"L'État C'est Moi"* ["O Estado sou Eu"], que séculos depois viriam a ser os moldes do rei francês Luís XIV (1638-1715), para a proposta de "eu me submeto ao Estado, à constituição", portanto, o rei passava a cumprir a constituição. Um princípio basicamente liberal, pois traz a limitação do poder do Estado.

---

18. João da Inglaterra, ou João Sem Terra (1166-1216), terceiro soberano da dinastia Plantageneta, filho de Henrique II (1133-1189) e sucessor de seu irmão Ricardo I, conhecido por Ricardo Coração de Leão (1157-1199), ficou conhecido por essa alcunha por não ter herdado nenhuma propriedade após a morte de seu pai. Reinou de 1199 a 1216. (N. R.)

A partir da Carta Magna inglesa, igualmente séculos depois, surgem três revoluções liberais: Revolução Inglesa (1642-1651), Revolução Americana (1775-1784) e Revolução Francesa (1789-1799). Um livro que trata muito bem sobre isso é o da Gertrude Himmelfarb (1922-2019), *Os Caminhos Para a Modernidade – Iluminismos britânico, francês e americano*[19]. Nele, a autora apresenta as diferenças entre essas três revoluções e os melhoramentos que trouxeram para as constituições dos seus países.

A Revolução Inglesa trouxe cartas de direitos e outras perspectivas de uma constituição histórica.

No caso da Revolução Americana, surgiram a Declaração de Independência Americana, a Constituição Americana e suas emendas, fundamentando o Estado americano. É importante destacar que a Constituição Americana, inspirada na mencionada Carta Magna, é uma das maiores referências para o mundo, considerada uma das maiores obras da genialidade humana.

Por sua vez, a Revolução Francesa se perdeu ao longo do tempo, distanciando-se dos princípios liberais. Na realidade, poder-se-ia dizer que foi antiliberal, uma vez que a base do liberalismo é tratar o respeito à vida, à liberdade e à propriedade, e respeitar de forma orgânica e natural para que o mundo possa evoluir.

A partir do final do século XVIII, começo do século XIX, surgiram constituições em todo o mundo. No Brasil a primeira Constituição outorgada foi a de 1824.

Constituição outorgada X promulgada:

Constituições outorgadas são impostas pelo Executivo ou por outro país. Um exemplo é a Constituição alemã, que está em vigor até hoje, outorgada para a Alemanha Ocidental em 1946 pelos Estados Unidos. Em semelhante situação está a Constituição

---

19. São Paulo: É Realizações, 2011.

japonesa, outorgada pelos americanos em 3 de maio de 1947. Ambas as constituições foram impostas após a Segunda Guerra Mundial e são cumpridas até hoje.

Por sua vez, há as constituições promulgadas, que são feitas por revoluções, ou seja, elaboradas em momentos de força popular, ou por Assembleias Constituintes. Nesse caso, o Brasil teve algumas assembleias constituintes, inclusive a Constituição de 1988 foi elaborada em uma Assembleia Constituinte ao final do governo militar.

A pouco conhecida Constituição da Mandioca, nossa primeira constituição, também foi elaborada por uma constituinte em 1823, no entanto, Dom Pedro I (1798-1834), à época Imperador do Brasil, achou que tinha um viés intervencionista. Portanto, dissolveu a assembleia e elaborou com um conselho a Constituição de 1824. Esta ficou em vigor até 1891, perdurando quase setenta anos, sendo a mais longeva do Brasil e a que nos trouxe o maior período de estabilidade.

A Constituição de 1824 era a terceira constituição escrita mais antiga do mundo, sendo mais nova apenas do que a Carta Magna inglesa e a Constituição americana. De lá para cá, foram sete constituições, entre elas a Emenda Constitucional de 1969 e a atual Constituição Federal de 1988.

As sete constituições republicanas:

A Constituição do Império era muito bem-feita. Tinha facilidade de adaptação. E poderia estar em vigor até hoje, pois era possível mudar o regime jurídico para, por exemplo, o presidencialismo, sem precisar mudar a base constitucional. No entanto, foi promulgada nova constituição para alterar o regime jurídico para o presidencialismo: a Constituição de 1891. Ela surgiu dois anos após o Golpe da República, que deu fim à monarquia no Brasil. Durante esse lapso entre 1889 e a revogação da Constituição de 1824, o país passou a ser governado por decretos expedidos pelo então presidente, o marechal Deodoro da Fonseca[20]. Esses decretos tinham força de lei e vigoraram até ser promulgada a nova Constituição em 1891.

A primeira Constituição Republicana brasileira previa, em seu art. 42, que se o presidente não completasse metade do seu mandato, deveriam ser convocadas novas eleições. O Marechal Deodoro da Fonseca de fato não chegou a completar os anos de presidência, no entanto, seu vice, o marechal Floriano Peixoto (1839-1895), deu um golpe e assumiu o cargo da presidência da República, contrariando a previsão constitucional. Foi neste golpe que Floriano Peixoto bombardeou o Rio de Janeiro e massacrou parte dos cidadãos da cidade de Florianópolis.

E, 26 anos depois, várias revoluções acontecem, como a Revolução Socialista da União Soviética em 1917 e a Revolução Proletária do México em 1918, que vão abrindo caminhos para a social-democracia na Alemanha em 1919. São criadas três constituições que dão base aos regimes hipertrofiados e autocráticos: nazismo, socialismo, comunismo e fascismo. Ou seja, na década de 1930, várias constituições surgem inspiradas nas da União Soviética, do México e da Alemanha, trazendo regimes de base autocrática.

Com o Brasil não seria diferente. Depois da Constituição de 1891, em decorrência da Revolução Constituinte em São Paulo, tivemos a promulgação da Constituição de 1934. Durou pouco, pois em 1937 Getúlio Vargas outorga uma nova ordem constitucional: a Constituição do Estado Novo. Também conhecida por Constituição Polaca, abria o país para intervenções estatais, espelhando o momento histórico que o mundo vivenciava, de fascismo e hipertrofia do Poder Executivo.

Após a Constituição de 1937, sobreveio a de 1946, que, como muitas outras, surgiu com o fim da Segunda Guerra Mundial. Por exemplo, as constituições do Japão e da Alemanha Ocidental

---

20. O marechal Deodoro da Fonseca (1827-1892) foi um militar e político brasileiro, primeiro presidente do Brasil e uma das figuras centrais da Proclamação da República no país.

surgiram em 1947 e 1949, respectivamente. Nesse período, a maioria dos países também apresentaram novas constituições para mudar o regime jurídico anterior, principalmente os países derrotados.

Depois de golpes de Estado em várias repúblicas em todo o mundo – o termo "república de bananas" surgiu neste período, sendo o nosso país intitulado como uma depois da Segunda Guerra Mundial – e no próprio Brasil, foi convocada uma Assembleia Constituinte e elaborada, um ano antes da queda do muro de Berlim, nossa atual Constituição Federal. Promulgada em 1988, infelizmente foi elaborada num cenário com muitos socialistas, comunistas e intervencionistas espalhados em todos os partidos brasileiros. Como diria Friedrich August von Hayek (1899-1992), no seu livro *O Caminho da Servidão*[21], existem os socialistas de todos os partidos[22] e foram eles quem fizeram nossa Carta Constitucional.

Emendas:

Vejamos quais constituições brasileiras foram outorgadas ou promulgadas:

a) do Império foi outorgada;

b) da República foi promulgada;

c) de 1934 foi promulgada;

d) de 1937 foi outorgada;

e) de 1946 foi promulgada;

f) após o golpe militar de 1964, tivemos a promulgação da Constituição de 1967;

g) de 1969 foi promulgada[23];

h) a atual Constituição também foi promulgada.

---

21. O livro encontra-se disponível em nova edição de 2022, pela LVM. (N. R.)
22. "Socialistas de todos os partidos" (HAYEK, 2010: 11).
23. Lembrando que a Emenda Constitucional nº 69, que incorpora grande parte do Ato Institucional nº 5, é considerada uma nova constituição, haja vista ter mudado todo o arcabouço jurídico do Brasil e toda nossa realidade brasileira.

A Constituição de 1988 tem 105 emendas, foi modificada 105 vezes, inclusive o então presidente da Câmara, Rodrigo Maia, mencionou que conseguiria aprovar emendas constitucionais em 15 minutos[24], no entanto a base constitucional é de que se deve aprovar emendas em um rito mais lento, mais devagar, exatamente para ser difícil mudar uma Constituição, que é a base de todo um sistema. Portanto, se muda uma Constituição com base numa mudança da lógica jurídica, e, por consequência, muda o país, pois o sentimento não é mais o anterior à mudança e o arcabouço jurídico constitucional.

No geral, nem sempre houve tantas mudanças como na Constituição de 1988, que perdura há mais de 30 anos, mas ainda é longe de ser a mais duradoura. A Constituição do Império (1824), a nossa mais longeva, durou mais de 65 anos, teve apenas uma emenda e trouxe um longo período de estabilidade. Durante o Império, estávamos em um século considerado "Legislativo", ainda que a princípio a Constituição de 1824 não tenha trazido a monarquia parlamentarista como regime, tornar-se-ia uma posteriormente. O grande defeito desse importante período foi a escravidão, mas, em termos de segurança jurídica, talvez tenha sido o momento em que o Brasil foi considerado uma luz da América do Sul. Diferente dos países vizinhos, havia estabilidade e não era governado por caudilhos. Passou a ser um país de caudilhos após o fim do Império; e um dos piores caudilhos foi Getúlio Vargas (1882-1954), positivista e filho político de Borges de Medeiros (1863-1961) e Júlio de Castilhos (1860-1903), ambos do Rio Grande do Sul.

A título de comparação, a Constituição da República (1891) teve uma emenda e 40 anos de duração; a de 1930 teve uma emenda em três anos de duração; já a do Estado Novo de Getúlio Vargas durou 8 anos e teve 21 emendas; a da Redemocratização persistiu por 21 anos e 27 emendas; a de 1964, oriunda ao Golpe Militar,

---

24. Em 25 de abril de 2020.

não teve nenhuma emenda. Neste caso alguns vão afirmar que foi um golpe, outros um contragolpe, mas sem dúvida as instituições perderam a sua definição nesse período. A Constituição ficou em vigor de 1967 a 1969, durante dois anos. E a penúltima Constituição, de 1969 a 1987, durou 18 anos.

CAPÍTULO 2

CONSTITUIÇÃO DE 1824

Para alguns, a primeira Constituição do Brasil é a considerada a melhor e mais bem elaborada. Outorgada em 1824 por Dom Pedro I, nosso imperador à época, ela trouxe algumas definições de como funcionaria o regime jurídico, a máquina pública. Ao mesmo tempo, estabelecia uma maior liberdade para empreendimentos, sendo, por isso, considerada uma Constituição de caráter liberal. Foi excelente, pois abriu oportunidades e possibilidades para o Brasil se tornar um país mais rico e próspero – apesar do terrível sistema escravocrata.

A sua base jurídica era muito flexível. Tinha uma construção legal inteligente, clara e fácil, e mesmo com o linguajar do português oitocentista, até hoje um leigo teria facilidade em entendê-la. Por exemplo, era assim que ela legislava sobre a possibilidade de criação de emendas:

> *Art. 178 – Só é condicional aquilo que é determinado sobre poderes políticos e aos direitos políticos e individuais do cidadão; tudo o que não é constitucional pode ser alterado sem as formalidades referidas, pelas legislaturas ordinárias.*

O art. 178 explica que somente aquilo que tratava sobre poderes políticos, direitos políticos e direitos individuais precisaria de maiores formalidades para ser alterado. Já as outras matérias poderiam ser modificadas com quórum menor e por legislaturas ordinárias.

Percebe-se que a Constituição de 1824 não tinha cláusulas pétreas como temos atualmente, e tinha uma margem de modificação muito mais simples do que a Constituição de 1988 que, em seu art. 60, §4º, define o que não pode ser alterado – entre eles sistema federativo, separação de Poderes, voto direto, secreto, universal e periódico e direitos e garantias individuais, previstos no art. 5º.

Quando elaborou a Constituição de 1824, Dom Pedro I tinha a carta em branco, o que o fez definir toda a base do sistema jurídico sem limitações, ou seja, um *constituinte originário*. O *constituinte originário* é o que cria a constituição, o que define a base constitucional tendo uma ampla margem como se tivesse uma carta em branco em mãos para elaborá-la. Já o *constituinte derivado* tem algumas limitações provenientes da própria estrutura da carta, ou seja, não cria ou elabora algo, apenas faz modificações obedecendo os limites anteriormente estabelecidos na carta. Portanto, sendo um *constituinte originário*, a Constituição do Império permitia muitas possibilidades de adaptação e poderia estar em vigor até os dias de hoje, com as devidas adequações, se quisessem mudar o sistema político monarquista para o presidencialismo.

A Revolução Francesa e suas consequências para o Brasil:

Para melhor entendermos como surgiu a nossa primeira Constituição, precisamos compreender o que estava acontecendo na Europa no final do século XVIII e início do XIX, e como Dom Pedro I e sua família vieram parar no Brasil em 1808. Em outras palavras, precisamos entender as consequências da Revolução Francesa e de Napoleão Bonaparte, ele próprio uma de suas consequências. E talvez a melhor maneira seja através do olhar de Edmund Burke.

Foi durante a Revolução Francesa que Edmund Burke[25] escreveu um dos livros que considero mais interessantes, tido por alguns como a base do conservadorismo: *As Reflexões sobre a Revolução Francesa*, no qual mostra que a revolução é a mãe da ditadura e, como tal, iria gerar um sistema totalitário.

---

25. Edmund Burke (1729-1797) foi um filósofo e teórico político irlandês, membro do parlamento londrino pelo Partido Whig.

Burke era do partido Whig e, consequentemente, liberal. Grande inspiração para F. A. Hayek[26], Burke respeitava fortemente as instituições. Neste caso, o termo "instituições" se refere ao respeito à vida, à liberdade, à propriedade, ao *Rule of Law*[27], ou seja, princípios, e não o local em si como, por exemplo, o prédio do Supremo Tribunal Federal. Na verdade, é o princípio que rege ter uma Suprema Corte, como o devido processo legal, o Estado de Direito. Bastiat[28] já falava que as leis são criadas para defender a vida, a liberdade e a propriedade, não o inverso. Essa é exatamente a perspectiva trazida por Bastiat e por Hayek ao tratarem de "instituições", perspectiva que Burke também admirava.

Dessa forma, quando Edmund Burke escreve sobre a Revolução Francesa, desenha a ditadura acontecendo, e, dentro dessa perspectiva, a sua preocupação acaba sendo quais as consequências para a França daquela revolução. De fato, Napoleão Bonaparte (1769-1821) assumiu o poder pela força, com o comando das Forças Armadas, e passou a usar toda aquela "motivação francesa" surgida na Revolução, tornando o seu governo uma autocracia, em que ele era o rei absolutista. Passou a assumir o controle de todo o poder da França e, a partir desse controle, a invadir a Europa Continental. Não conseguiria chegar à Inglaterra, que reagiria a Bonaparte impondo, como sempre[29], o respeito aos limites e fronteiras.

---

26. No livro sobre a sua visita ao Brasil, *Hayek na UNB*, Hayek conta que, ao se definir politicamente, considerar-se-ia um Whig como Burke.

27. *Rule of Law* é o que chamamos de Estado de Direito, o Império das Leis. Trata-se de uma referência à Magna Carta *Libertatum* inglesa de 1215, quando os barões praticamente obrigaram o rei João Sem Terra (1167-1216) a submeter-se a esse documento, que limitaria seus poderes absolutos. É considerada uma espécie de precursora de todas as cartas de direitos. (N. R.)

28. Frédéric Bastiat (1801-1850), economista francês e membro da Escola Liberal francesa e da Assembleia Nacional Francesa.

29. A Inglaterra fez isso novamente na Segunda Guerra Mundial, quando o grande Winston Churchill diria: "daqui não passarão" (*"we shall never surrender"*), "nunca desistiremos", "nunca nos renderemos". E vai à guerra dando suor, sangue e lágrimas.

Dom João VI de Portugal (1767-1826), dividido entre alinhar-se a Napoleão, como fizera a Espanha, ou aos ingleses, deixa Lisboa sob o comando inglês e da resistência portuguesa e parte com a família real e a corte para o Brasil, levando toda a riqueza em ouro e prata. Conta-se que, no leito de morte, Napoleão teria dito que Dom João VI foi o único rei que o enganou, pois enquanto tentava negociar com a França, arrumava as malas para ir ao Brasil com ajuda dos ingleses.

Brasil monárquico:

No Brasil, Dom João VI elevaria o território à condição de reino unido a Portugal e Algarves, e o Rio de Janeiro seria a sede do governo português e brasileiro. É verdade que a vinda da família real trouxera inovações, mas foram mantidas as Ordenações Filipinas[30] e a base normativa portuguesa até 1824, com a nova Constituição. Para tanto, Dom João VI, forçado a retornar a Portugal pela Cortes Portuguesas, deixou como príncipe regente seu filho, Dom Pedro.

Foi em enfrentamento às ordens das Cortes, que não só exigiam seu retorno como o fim de todo o sistema administrativo e econômico que Dom João VI havia criado por aqui, que Pedro decidiu ficar. O famoso Dia do Fico seria o estopim para as manobras pela separação política do Brasil, e o que o faria ser considerado "defensor perpétuo" e mais tarde "imperador".

O Brasil era considerado um império continental e a nossa língua, a nossa organização territorial, se devem em grande parte a essa figura de Dom Pedro I[31], que conseguiu manter unido o território diante de tantas ameaças e das fragmentações das antigas

---

30. *Ordenações Filipinas* ou *Código Filipino* foi uma compilação jurídica implantada por Filipe II da Espanha [Filipe I de Portugal (1554-1598)] durante o domínio espanhol sobre Portugal, conhecido como União Ibérica, de 1580 a 1640. Continuou valendo em Portugal por determinação de Dom João IV (1604-1656). (N. R.)
31. É preciso fazer jus a Dom Pedro II que, sem dúvidas, foi o maior intelectual e estadista que esse país já teve como Chefe de Estado, e que manteve as obras de seu pai e avô em ordem no Brasil.

colônias espanholas na América do Sul, comandadas por caudilhos republicanos. Após a sua abdicação em nome de seu filho para que voltasse a Portugal combater seu irmão Dom Miguel I (1892-1866) numa guerra civil, tivemos um período de Regência – entre 1831 e 1840. Tutoreado por José Bonifácio[32], Dom Pedro II (1825-1891) teria a sua maioridade avançada para os 15 anos de idade, a fim de evitar novos impasses políticos que poderiam levar a um desmembramento territorial, passando a assumir o Império. Foi a partir daí que o Brasil entrou num período de estabilização política, passando todos a se reunirem em torno do imperador.

O regime monárquico tem uma vantagem muito interessante sobre os outros tipos. O monarca não está preocupado com a próxima eleição, e sim com a próxima geração. Essa é uma característica de países monarquistas; a sociedade tem o Chefe de Estado como uma espécie de segurança que o país vai se manter na estabilidade[33]. Hoppe[34] escreveu que se fosse escolher um regime político, ele gostaria, obviamente, que fosse privado, mas se tivesse um segundo regime político, seria o monarquista, exatamente por não ter preocupação com a próxima eleição, mas sim com a próxima geração. Ele falava isso porque o rei passaria a ser proprietário da terra e, como tal, teria a preocupação de cuidar daquilo com a ideia de evitar a tragédia dos comuns.

A questão da centralização e descentralização já surge na Constituição de 1824, o que geraria brigas entre os dois maiores partidos da época: os conservadores (conhecidos como saquaremas)

---

32. José Bonifácio de Andrada e Silva, (1763-1838). Além do conhecido homem de Estado, foi também naturalista, mineralista, professor e poeta. Foi também tutor de Dom Pedro II até 1833. (N. R.)

33. Recomendo a série *The Crown*, sobre a Rainha Elizabeth II (1926-2022), que demonstra a importância da figura do rei, e o filme *O Discurso do Rei*, que traz a figura do pai dela, o rei George VI (1895-1952) num momento crucial como a Segunda Guerra Mundial, quando demonstra como a figura do monarca tem o poder de tranquilizar uma nação. Essa é uma característica muito interessante das monarquias.

34. Hans-Hermann Hoppe, filósofo e economista germano-americano, expoente da Escola Austríaca e autor de *Democracia, o Deus que falhou*. (N. R.)

e os liberais (cuja alcunha era luzias). Em determinado momento, inclusive, integrantes de um dos partidos, em plena monarquia, defendiam a república. Era sinal da liberdade política e de expressão da época – usada também para criticar o monarca. No livro de Bruno Garschagen, *Pare de Acreditar no Governo*[35], o autor mostra o tamanho da liberdade naquele período histórico para criticar o próprio governo e a figura pessoal de Dom Pedro II, principalmente. Em se tratando de liberdade, havia também defensores do fim da escravidão em ambos os partidos, portanto, não dá para dizer, como muitos querem afirmar, que foi um ou outro que trabalhou para o fim da escravidão.

Com Visconde de Cairu (1756-1835) de um lado e Joaquim Nabuco (1849-1910) do outro, tanto saquaremas quanto luzias, respectivamente, defendiam a liberdade de comércio, abertura comercial, eleições livres e com representatividade. A lógica da representatividade adveio da Revolução Americana, cuja ideia era simples: se eu pago impostos, eu tenho direito à representação. Essa perspectiva acabaria gerando a *Lei* Saraiva, de 1881, que reduziria os votos de cabresto que existiam, em geral, no Nordeste.

A Constituição de 1824:

A forma com que foi apresentada a nossa Constituição acredito ser de máximo interesse; para tanto, fiz questão de trazer na linguagem original o preâmbulo:

A CONSTITUIÇÃO DE 1824
Carta da Lei – de 25 de março de 1824
Manda observar a Constituição Política do Império, offerecida e jurada por Sua Majestade, o Imperador.
DOM PEDRO PRIMEIRO, POR GRAÇA DE DEOS, *e unanime Acclamação dos Povos, Imperador Constitucional, e Defensor Perpetuo do Brazil: Fazemos saber a todos os Nossos Subditos, que tendo-Nos requerido os Povos deste Imperio, juntos em Camara, que Nós quanto antes jurássemos*

---
35. Rio de Janeiro: Record, 2015. (N. R.)

e fizéssemos jurar o Projecto de Constituição, que havíamos offerecido ás suas observações para serem depois presentes á nova Assembleia Constituinte; mostrando o grande desejo, que tinham, de que elle se observasse já como Constituição do Imperio, por lher merecer a mais plena aprovação, e dele esperarem a sua individual, e geral felicidade Politica: Nós Jurámos o sobredito Pojecto para o observarmos e fazermos observar como Constituição, que d'ora em diante fica sendo deste Imperio; a qual é do theor seguinte:

Assim, será aberta a base constitucional no Título 1º trazendo o seguinte:

TÍTULO 1º.
Do império do Brazil, seu Território, Governo, Dynastia, e Religião. O IMPERIO do Brazil é a associação Política de todos os Cidadão Brazileiros. Elles formam uma Nação livre, e independente, que não admite qualquer outra laço algum de união, ou federação, que se opponha à sua independência.

Nesse artigo foi instituído o território, o sistema governamental, a dinastia e a religião.

Naquela época, havia a religião oficial dos países, mas não havia restrição a novas religiões, desde que não aparecessem externamente na forma de Templo. Por exemplo, poderia haver religiões africanas desde que não fossem nas ruas; ou poderia ter uma religião protestante, desde que aqueles que não fossem protestantes soubessem que aquele templo existia. O art. 5º, portanto, traz essas regulamentações e denomina que a religião oficial era a Católica Apostólica Romana, mas todas eram permitidas em seu culto doméstico.

A liberdade religiosa era muito clara, evidenciando uma perspectiva liberal. É importante dizer que Jonh Stuart Mill (1806-1873), no livro *On Liberty*, trata que a primeira batalha dos liberais é pela liberdade religiosa. Grande parte da perspectiva liberal vem dessa liberdade de poder escolher a quem você professa o seu culto, escolher seu deus desde que não cause prejuízo a terceiros. É a máxima da Regra de Ouro ou, como alguns chamam, o PNA, Pacto de Não Agressão, ou Princípio de Não Agressão: "não faça com os outros aquilo que você não gostaria que fosse feito com você", ou seja, se Joãozinho não bate em você, não tem o direito de bater em Joãozinho. Lembro que ainda havia muita reação popular contra religiões que não eram oficiais, ocorriam destruições, porque sempre haverá um intolerante que simplesmente por ter um caminho, acha que é melhor que os outros, e a base liberal é respeitar o caminho dos outros e não o destruir.

O 2º artigo fala do território:

> *Art. 2. O seu território é dividido em Provincias na fórma em que actualmente se acha, as quaes poderão ser subdivididas, como podeir o bem do Estado.*

O território foi dividido em províncias, uma característica de impérios, e não em Estados. A divisão que hoje temos surgiu depois, e era uma briga antiga de Ruy Barbosa (1849-1823) para a Constituição de 1891.

O art. 3º enfatiza que o governo seria monárquico, hereditário, constitucional e representativo, e o art. 4º sublinha que a dinastia é a de Dom Pedro I, o então imperador.

> *Art. 3. O seu Governo é monarchico Hereditario, Constitucional, e Representativo.*
>
> *Art. 4. A Dynastia Imperante é a do Senhor Dom Pedro I, actual Imperador, e Defensor Perpetuo do Brazil.*

É importante entender a lógica dinástica. Dom Pedro I tinha sua linha sucessória que, na sequência, não era a do seu irmão, mas sim a do seu filho. Se o filho morresse, voltaria para o irmão, abrindo outra linha. Era uma maneira de impedir impasses e confusões nas linhagens como ocorrido em alguns momentos da história europeia[36].

---

36. A título de curiosidade, após o fim da monarquia, fala-se que os herdeiros da princesa Isabel – herdeira da coroa de Dom Pedro II – dividiam-se entre a linha de Petrópolis e a linha de Vassouras. A primeira vem do primogênito da princesa, Dom Pedro, e a outra do segundo filho, Dom Luís. Hoje, o sucessor imperial brasileiro seria da linha de Vassouras e não da de Petrópolis, pois Dom Pedro abdicou do trono ao fazer um casamento não dinástico, concedendo a sucessão para a linha de Vassouras.

O art. 6º mostra a previsão de quem seriam os cidadãos brasileiros. Diferenciando rapidamente *Jus Solis* e *Jus Sanguinis*, o primeiro diz respeito àquele que nasce no território, ainda que tenha pai e mãe estrangeiros, e o segundo àquele que nasce de pais brasileiros que estariam a serviço, por tempo limitado, fora do Brasil. Por exemplo, o presidente da empresa aérea Azul só pôde abrir a empresa aqui porque seus pais eram mórmons e estavam em missão religiosa no Brasil (missão não oficial) quando ele nasceu, cumulando as duas nacionalidades: a de brasileiro (*jus solis*) e a de americano (*jus sanguinis*). E só por isso tem a empresa aérea, pois, no Brasil, era vetado, até pouco tempo, pessoas de capital estrangeiro investindo nas empresas aéreas brasileiras – uma das limitações da Constituição de 1988, inspirada em outras três constituições: a mexicana, a alemã e a da União Soviética.

> *Art. 6. São Cidadãos Brazileiros:*
> *Os que no Brazil tiverem nascido, quer sejam ingênuos, ou libertos, ainda que o pai seja estrangeiro, uma vez que este não resida por serviço de sua Nação.*

A título de esclarecimento, os ingênuos eram os brasileiros filhos de escravos.

Cada inciso desse artigo vai explicando quem são, quais direitos tem, e se determinada pessoa pode se naturalizar. Naquela época não havia a possibilidade de dupla nacionalidade como hoje; caso se naturalizasse em outro país, deixava de ser brasileiro. Uma característica curiosa sobre base e segurança nacional, é que se a pessoa aceitasse emprego, função ou condecoração de qualquer governo estrangeiro sem licença do imperador, perderia a nacionalidade brasileira.

Havia também a possibilidade – que os liberais e, principalmente, os anarco-capitalistas gostam – do banimento. Uma das penas era banir alguém, deixando-o fora do "povo". Outra pena era a de degredo, alguém poderia ser degredado, não sendo mais protegido pela nação, ficando sujeita a qualquer tipo de violação, pois ela estaria fora da proteção constitucional, a lei não a protegeria. Para quem assistiu à série *Vikings*, são marcadas com um ferro as pessoas degredadas, que vão para fora da sociedade e perdem a proteção, não lhes cabendo nenhum direito, nenhuma proteção.

A previsão dos arts. 7º e 8º enumerava os casos de perda de cidadania e direitos políticos:

> *Art. 7. Perde os Direitos de Cidadão Brazileiro:*
>
> *I. O que se naturalisar em paiz estrangeiro.*
>
> *II. O que sem licença do Imperador aceitar Emprego, Pensão, ou Condecoração de qualquer Governo Estrangeiro.*
>
> *III. O que fôr banido por Sentença.*
>
> *IV. Art. 8. Suspende-se o exercício dos Direitos Politicos:*
>
> *V. Por incapacidade physica, ou moral.*
>
> *VI. Por Sentença condemnatoria a prisão, ou degredo, enquanto durarem os seus effeitos.*

Um ponto interessante era que os poderes políticos constitucionais eram quatro: Executivo, Legislativo, Judiciário e Moderador. Havia sido Aristóteles (c. 384-322 a. C.) e Montesquieu (1689-1755) que trouxeram a perspectiva de divisão dos poderes. Os gregos, principalmente aos atenienses, falavam de um Executivo que não podia criar leis e quem produzia a lei não poderia executá-la, e quem a executaria e a produziria não poderia julgá-la. Mas eles não usavam os termos "Executivo, Legislativo e Judiciário" como faria Montesquieu séculos depois.

Montesquieu era francês, e é raro ter liberal francês, mas quando se tem, são tão bons como Montesquieu, Tocqueville (1805-1859)[37],

---

37. Alexis de Tocqueville, nascido Alexis Charles Henri Clérel, conde de Tocqueville.

Revel (1924-2006)[38], Bastiat (1801-1850). Ele escreveria *O Espírito das Leis*, no final do século XVIII, no qual calcula essa perspectiva de poderes, que seria acatada em diversas partes do mundo, principalmente na Europa continental. Mas enquanto a obra de Montesquieu ganha os Estados europeus, os ingleses já há séculos agiam assim. Senão, vejamos: a Carta Magna inglesa, já em 1215 previa um outro poder para julgar, que não fosse o do rei, passando a serem os nobres que exerceriam essa função – ideia que depois foi se ampliando.

No Brasil oitocentista foi trazida a ideia de um poder a mais: o Moderador

> *Art. 10. Os Poderes Politicos reconhecidos pela Constituição do Imperio do Brazil são quatro: o Poder Legislativo, o Poder Moderador, o Poder Executivo, e o Poder Judicial.*

Quem exercia o Poder Moderador era o imperador, ou seja, quem resolvia a relação de conflitos entre poderes era o monarca. Ele era também Chefe do Executivo, mas, nesse caso, desempenhava a função de coordenador, como árbitro dos conflitos. Essa arbitragem foi muito criticada ao longo da história, mas ao compararmos as competências que tinha o Poder Moderador e as competências do atual cargo de presidente da República, perceberemos que o poder dado hoje ao presidente, talvez, seja maior do que o poder que era dado ao imperador pelo Poder Moderador.

Esse Poder Moderador era o que, em tese, iria trazer o equilíbrio da nação: o do Imperador, diferente dos poderes Executivo, Legislativo e Judiciário.

No art. 15 são fixadas as atribuições da Assembleia Geral – que seria o Congresso Nacional de hoje – havendo, dentre elas, a de tomar o juramento do imperador, do príncipe e do regente e, também, a

---

38. Jean-François Revel (1924-2006), filósofo e jornalista francês, membro da Academia Francesa de Letras. Socialista na juventude, tornou-se crítico do marxismo a partir da idade adulta. (N. R.)

de reconhecer o príncipe ou princesa imperial como sucessor do trono na primeira reunião logo após o seu nascimento. Se o rei não tivesse filhos, seria também atribuição da Assembleia Geral escolher a próxima dinastia e o próximo soberano[39]:

> Art. 15. E' da attribuição da Assembléa Geral: I. Tomar Juramento ao Imperador, ao Principe Imperial, ao Regente, ou Regencia. II. Eleger a Regencia, ou o Regente, e marcar os limites da sua autoridade. III. Reconhecer o Principe Imperial, como Successor do Throno, na primeira reunião logo depois do seu nascimento. IV. Nomear Tutor ao Imperador menor, caso seu Pai o não tenha nomoado em Testamento. V. Resolver as duvidas, que occorrerem sobre a successão da Corôa. VI. Na morte do Imperador, ou vacancia do Throno, instituir exame da administração, que acabou, e reformar os abusos nella introduzidos. VII. Escolher nova Dynastia, no caso da extincção da Imperante.

O art. 16 trazia a forma de tratamento dos nossos representantes:

> Art. 16. Cada uma das Camaras terá o Tratamento – de Augustos, e Dignissimos Senhores Representantes da Nação.

---

39. Eis a íntegra do artigo:
Art. 15. E' da attribuição da Assembléa Geral: I. Tomar Juramento ao Imperador, ao Principe Imperial, ao Regente, ou Regencia. II. Eleger a Regencia, ou o Regente, e marcar os limites da sua autoridade. III. Reconhecer o Principe Imperial, como Successor do Throno, na primeira reunião logo depois do seu nascimento. IV. Nomear Tutor ao Imperador menor, caso seu Pai o não tenha nomoado em Testamento. V. Resolver as duvidas, que occorrerem sobre a successão da Corôa. VI. Na morte do Imperador, ou vacancia do Throno, instituir exame da administração, que acabou, e reformar os abusos nella introduzidos. VII. Escolher nova Dynastia, no caso da extincção da Imperante. VIII. Fazer Leis, interpretal-as, suspendel-as, e rovogal-as. IX. Velar na guarda da Constituição, e promover o bem geral do Nação. X. Fixar annualmente as despezas publicas, e repartir a contribuição directa. XI. Fixar annualmente, sobre a informação do Governo, as forças de mar, e terra ordinarias, e extraordinarias. XII. Conceder, ou negar a entrada de forças estrangeiras de terra e mar dentro do Imperio, ou dos portos delle. XIII. Autorisar ao Governo, para contrahir emprestimos. XIV. Estabelecer meios convenientes para pagamento da divida publica. XV. Regular a administração dos bens Nacionaes, e decretar a sua alienação. XVI. Crear, ou supprimir Empregos publicos, e estabelecer-lhes ordenados. XVI. Determinar o peso, valor, inscripção, typo, e denominação das moedas, assim como o padrão dos pesos e medidas.

O art. 17 trazia que a legislatura durava quatro anos, e a sessão quatro meses – atualmente, a sessão dura mais ou menos onze meses:

> *Art. 17. Cada Legislatura durará quatro annos, e cada Sessão annual quatro mezes.*

Vejamos também a previsão do art. 20, que trazia a cerimônia de abertura da sessão legislativa, em que o soberano iria até a Assembleia Geral para inaugurar esse momento e informaria como se dariam os trabalhos:

> *Art. 20. Seu ceremonial, e o da participação ao Imperador será feito na fórma do Regimento interno.*

Tínhamos duas câmaras: a Câmara dos Deputados e o Senado – a câmara baixa e a câmara alta, respectivamente. Elas tomariam lugar em situações diferentes, em lugares diferentes, conforme previsão do art. 22:

> *Art. 22. Na reunião das duas Camaras, o Presidente do Senado dirigirá o trabalho; os Deputados, e Senadores tomarão logar indistinctamente.*

E, desde então, já havia inviolabilidade dos membros, que tinham plena liberdade de expressão pelo que falavam, não podendo ser punidos, garantia que está em vigor até hoje:

> *Art. 26. Os Membros de cada uma das Camaras são inviolaveis polas opiniões, que proferirem no exercicio das suas funcções.*

A Câmara dos Deputados poderia dispor sobre impostos, recrutamento e a escolha de nova dinastia[40]. Devendo fazer também

---

40. Art. 36. É privativa da Camara dos Deputados a Iniciativa.
    I. Sobre Impostos.
    II. Sobre Recrutamentos.
    III. Sobre a escolha da nova Dynastia, no caso da extinção da Imperante.

a administração da gestão passada, relacionada aos gabinetes[41], que eram nomeados pelo presidente, valorizando quem havia sido eleito ou não, podendo ser dissolvido e ser chamada nova eleição para formar um novo gabinete.

Já o Senado era composto por membros vitalícios[42]. Quem nomeava os senadores era o imperador, como consta no art. 101[43], além do poder de convocar Assembleia Geral – que hoje chamamos de Congresso Nacional. A Assembleia era formada pelas duas câmaras: Câmara de Deputados e o Senado. A relação delas era parecida com a Câmara dos Comuns inglesa e a Câmara dos Lordes, respectivamente. Havia cem deputados, e a quantidade de senadores era a metade desse número. A título de comparação, hoje temos 513 deputados e 81 senadores[44].

---

41. Art. 37. Tambem principiarão na Camara dos Deputados.

   I. O Exame da administração passada, e reforma dos abusos nella introduzidos.

   II A discussão das propostas, feitas pelo Poder Executivo.

42. Art. 40. O Senado é composto de membros vitalícios, e será organizado por eleição Provincial.

43. Art. 101. O Imperador exerce o Poder Moderador: I. Nomeando os Senadores, na fórma do Art. 43. II. Convocando a Assembléa Geral extraordinariamente nos intervallos das Sessões, quando assim o pede o bem do Imperio. III. Sanccionando os Decretos, e Resoluções da Assembléa Geral, para que tenham força de Lei: Art. 62. IV. Approvando, e suspendendo interinamente as Resoluções dos Conselhos Provinciaes: Arts. 86, e 87. V. Prorogando, ou adiando a Assembléa Geral, e dissolvendo a Camara dos Deputados, nos casos, em que o exigir a salvação do Estado; convocando immediatamente outra, que a substitua. VI. Nomeando, e demittindo livremente os Ministros de Estado. VII. Suspendendo os Magistrados nos casos do Art. 154. VIII. Perdoando, e moderando as penas impostas e os Réos condemnados por Sentença. IX. Concedendo Amnistia em caso urgente, e que assim aconselhem a humanidade, e bem do Estado.

44. Na província do Ceará, por exemplo, tínhamos quatro senadores, entre eles, João Antônio Rodrigues de Carvalho, Domingos da Motta Teixeira, Pedro José da Costa Barros e João Carlos Augusto Oeynausen – que depois veio a ser o Visconde de Marquês de Aracati.

O art. 47[45] lista as atribuições do Senado, sendo uma delas a de julgar os crimes individuais cometidos pela família real, ministros de Estado e secretários. Também poderia convocar a Assembleia no caso da morte do imperador, para a eleição da regência desde que não houvesse um herdeiro imediato – que foi o que aconteceu no período de vacância, quando Dom Pedro I voltou para Portugal e Dom Pedro II ainda era menor de idade.

Outro ponto interessante era que as sessões do Senado e da Câmara começavam e finalizavam juntas, distinto de hoje, em que as sessões da Câmara dos Deputados costumam durar até tarde e as do Senado Federal terminam bem cedo. As pessoas brincam que os membros do Senado, por serem mais velhos, não aguentam sessões muito longas, mas a verdade é que a diferença do número de membros é cinco vezes maior. Antigamente, portanto, o número de deputados era apenas duas vezes maior do que o de senadores, sendo possível administrar esse tempo.

> Art. 49. As Sessões do Senado começam, e acabam ao mesmo tempo, que as da Camara dos Deputados.

O art. 105 da Constituição explicita que o título imperial do herdeiro presuntivo seria o de "príncipe imperial" e o seu primogênito seria "príncipe do Grão Pará"[46]. E por que o Pará, região tão longínqua da capital Rio de Janeiro? O Pará chegou a ser um dos portos principais do Brasil. Esse herdeiro presuntivo, quando completasse 14 anos,

---

45. Art. 47. E' da attribuição exclusiva do Senado: I. Conhecer dos delictos individuaes, commettidos pelos Membros da Familia Imperial, Ministros de Estado, Conselheiros de Estado, e Senadores; e dos delictos dos Deputados, durante o periodo da Legislatura. II. Conhecer da responsabilidade dos Secretarios, e Conselheiros de Estado. III. Expedir Cartas de Convocação da Assembléa, caso o Imperador o não tenha feito dous mezes depois do tempo, que a Constituição determina; para o que se reunirá o Senado extraordinariamente. IV. Convocar a Assembléa na morte do Imperodor para a Eleição da Regencia, nos casos, em que ella tem logar, quando a Regencia Provisional o não faça.

46. Do mesmo modo é na Inglaterra e em outros países monárquicos em que o herdeiro da Coroa leva o título de uma região importante para a nação.

faria o juramento de manter a religião Católica Apostólica Romana, observar a Constituição brasileira e as leis, e obedecer ao imperador:

> *Art. 105. O Herdeiro presuntivo do Imperio terá o Titulo de "Principe Imperial" e o seu Primogenito o de "Principe do Grão Pará"; todos os mais terão o de "Principes". O tratamento do Herdeiro presumptivo será o de "Alteza Imperial" e o mesmo será o do Principe do Grão Pará: os outros Principes terão o Tratamento de Alteza.*

O art. 119 é importante por adendar claramente que nenhum estrangeiro poderia herdar a Coroa do Império do Brasil, causando problemas territoriais como no passado da história europeia, ou do próprio Brasil, que virou colônia espanhola durante a unificação da Península Ibérica em 1580[47]. Portanto,

> *Art. 119. Nenhum Estrangeiro poderá succeder na Corôa do Imperio do Brazil.*

Quem sucederia a Dom Pedro II seria a princesa Isabel (1846-1921). Algumas vezes ela assumiu a regência enquanto ele viajava ao exterior, com autorização da Assembleia Geral. Importante enfatizar que, na última vez que ela assumiu o período de regência, a princesa Isabel realizou a abolição da escravatura. Existem vários livros que abordam esse momento histórico, sendo *Os Construtores do Império: Ideia e Lutas do Partido Conservador Brasileiros* um deles, que foi escrito por João Camilo Oliveira Torres (1915-1973), e tratou dessa narrativa de abolição da escravidão e a visão dos gabinetes, principalmente dos saquaremas, sobre o tema. Liberal, Torres viria a se tornar conservador e afirmar que os liberais que davam certo eram os "conservadores de alma" ("saquaremas de alma"). Outros livros que tratam desse momento são os de Laurentino Gomes, *1889* e o de Jorge Caldeira, *Mauá – Empresário do Império*[48].

---

47. Ver nota 15.
48. O livro de Caldeira traz algumas inconsistências como a afirmação de que Mauá e o imperador eram antagonistas, enquanto, na realidade, a descrição dos historiadores é a de que mantinham uma ótima relação. Mesmo assim, o livro é válido para conhecer um dos maiores empresários que o Brasil já teve.

O artigo seguinte trazia previsão sobre o casamento da princesa herdeira presuntiva e o papel do seu esposo:

> Art. 120. *O Casamento da Princeza Herdeira presumptiva da Corôa será feito a aprazimento do Imperador; não existindo Imperador ao tempo, em que se tratar deste Consorcio, não poderá elle effectuar-se, sem approvação da Assembléa Geral. Seu Marido não terá parte no Governo, e sómente se chamará Imperador, depois que tiver da Imperatriz filho, ou filha.*

Depois que a princesa Isabel assumisse o trono e tivesse um filho com seu marido, o conde D'Eu (1842-1922), ele passaria a ser chamado de imperador, mas sem exercer funções governamentais. Apenas adquiriria o título, sem fazer execuções no governo.

O art. 145 trazia um ponto em alta discussão hoje, e que no passado era inegável:

> Art. 145. *Todos os Brazileiros são obrigados a pegar em armas, para sustentar a Independencia, e integridade do Imperio, e defendel-o dos seus inimigos externos, ou internos.*

Com o Estatuto do Desarmamento, a população foi desarmada enquanto a Constituição de 1824 trazia a ideia contrária: a de que todo brasileiro era obrigado a pegar em armas para sustentar a independência e integridade do Império, para defendê-lo dos seus inimigos externos e internos. Observamos que o povo tinha que defender seu território, contrário da lógica de proteção atual. Em termos de comparação, a Segunda Emenda americana também adere a essa ideia, inclusive enfatizando as milícias, que protegiam o próprio povo americano. O filme *O Patriota*, com Mel Gibson, mostra como as milícias funcionavam e a grande força que eram ao combater o Império Britânico. Vale lembrar que os ingleses eram a maior frota de navios do mundo e uma força armada gigantesca e, mesmo assim, os americanos venceram a guerra contra esse povo tão organizado. Com a liberdade, em menos de um século, os americanos superaram os ingleses, e vêm superando cada vez mais por acreditarem fortemente nas ideias que os próprios ingleses fundaram.

O art. 179 da Constituição de 1824 discorre sobre os direitos individuais. É importante notar que desde as primeiras constituições brasileiras temos essa perspectiva. Mesmo em constituições muito ruins, como a de 1967, baseada em governo militar, e a de 1937, trazem tópicos a respeito de direitos individuais. Até aquelas que tendiam ao totalitarismo, trazem claramente a possibilidade de defesa dos direitos individuais O professor Dennys Xavier, citando Ayn Rand (1905-1982), destaca que "a menor minoria é o indivíduo; se você não defende essa minoria, não se pode dizer defensor de qualquer minoria"[49], pois você desprestigiará o mais frágil, aquele que tem mais dificuldade de se defender, que é o indivíduo.

> *Art. 179. A inviolabilidade dos Direitos Civis, e Politicos dos Cidadãos Brazileiros, que tem por base a liberdade, a segurança individual, e a propriedade, é garantida pela Constituição do Imperio, pela maneira seguinte.*

Quase toda Constituição brasileira tinha essa defesa de liberdade, da segurança nacional e da propriedade. Nossas constituições mantiveram isso ao longo da história, mesmo as ruins. As que mais destruíram a propriedade foram as de 1988 e de 1934, que eram muito refratárias às ideias de propriedade. São constituições confusas, principalmente a atual, que tem o coletivismo como sua base, o que é um grande problema.

Ainda sobre o art. 179, o inciso V usa a expressão "moral pública" como base do respeito:

> *V. Ninguem póde ser perseguido por motivo de Religião, uma vez que respeite a do Estado, e não offenda a Moral Publica.*

Há também o respeito pela liberdade de expressão, presente no inciso IV do mencionado artigo acima:

---

49. A frase de Ayn Rand citada pelo professor Xavier é "A menor minoria da terra é o indivíduo. Aqueles que negam os direitos individuais não podem se dizer defensores das minorias". *America's persecuted minority: big business* - Página 15, de Ayn Rand - Publicado por Nathaniel Branden Institute, 1962.

IV. Todos podem communicar os seus pensamentos, por palavras, escriptos, e publical-os pela Imprensa, sem dependencia de censura; com tanto que hajam de responder pelos abusos, que commetterem no exercicio deste Direito, nos casos, e pela fórma, que a Lei determinar.

Este é outro ponto interessante dessa Constituição: a defesa da imprensa livre; o que hoje é questionável. Estamos vendo diversas pessoas presas e censuradas de forma arbitrária. Em Sobral, por exemplo, interior do estado do Ceará, foi imposta uma multa política e os casos são julgados pelo próprio Executivo.

A Constituição de 1824, portanto, trazia a diferença de Poderes, e basta lê-la para desfazer o mito do rei que julga ao bel-prazer. Era o Judiciário quem tinha a função de julgar. E quanto a isso, há um detalhe muito importante: ninguém poderia ser preso sem culpa formada e era permitida a prisão em segunda instância. Ninguém poderia ser sentenciado senão pela autoridade competente, por virtude de lei anterior, e na forma por ela escrita:

XI. Ninguem será sentenciado, senão pela Autoridade competente, por virtude de Lei anterior, e na fórma por ella prescripta.

Isso é herança da ideia do *Due Process Of Law*, devido processo legal, de 1815, ou seja, é preciso que o juiz que julga não seja o mesmo que elabora a lei, pois assim vai analisar de forma equilibrada o julgamento no caso concreto. Novamente somos remetidos ao Brasil contemporâneo e à discussão se adotamos a *common law* ou a *civil law*. *Common law* é o direito dos comuns, a perspectiva dos julgamentos que são trazidos ao caso concreto para o juiz definir qual a justiça. Hayek e Leoni[50] demonstram como o *common law* é superior, pois respeita a tradição e aquilo que foi colocado para o povo ao longo da história.

Nesse período antes e após Cristo, tivemos o *common law* como regra, a exceção da *civil law*, momento na história da Roma

---

50. Bruno Leoni (1913-1967), advogado e filósofo liberal clássico italiano. (N. R.)

antiga com Justiniano (c. 482-565) e as leis justinianas[51]. Mesmo para os romanos desse período, tinham que trazer a tradição para os julgamentos, pois não havia codificação. A codificação sistemática surge a partir do Código Civil Napoleônico, em 1808, em que traz a perspectiva de consolidar a norma, a lei e, a partir disso, o juiz seria, na visão dele, a "boca da lei", pois bastava repetir. Napoleão pensava que isso geraria mais segurança jurídica, porém gerou menos, pois a lei teria um último intérprete: o juiz. Portanto, em uma situação de caso concreto, o juiz tem mais poder e o Legislativo acha que faz a lei.

Segundo essa lógica, diversas pessoas criam muitas leis, gerando uma inflação legislativa atroz, que tende a destruir os direitos individuais. Como diria Tácito (56-c. 117) na Roma antiga, quanto mais leis, mais corrupto o país é. Já Ayn Rand compreendia que quando se tem leis demais, elas não são feitas para proteger o indivíduo, e sim para fazer o indivíduo refém da quantidade de leis. Em *A Revolta de Atlas*, Rand põe como jurista um personagem que queria as leis mais objetivas e claras exatamente para proteger o escopo da liberdade, ou seja, tudo aquilo que não é proibido, é permitido. Essa é uma base antiga, mas que define a ideia de liberdade e permite que todos nós consigamos ter uma condição de vida melhor. Os países que melhor respeitam isso têm mais inovações, mais possibilidades e o maior crescimento.

E a Constituição do Brasil de 1824 trazia isso!

Lembrando que havia um problema gigantesco no Brasil imperial: escravidão. Uma grande mácula que deveria ter acabado bem antes do fim do Império e se, talvez, tivessem feito isso antes, a monarquia teria sobrevivido mais tempo.

---

51. Leis justinianas, ou *Codex Justinianus* foram a compilação de leis promulgadas em Roma desde Adriano (76-138) até o próprio Justiniano, revistas, classificadas e organizadas em ordem cronológica. Para mais informações, consultar "O código de Justiniano e a sua importância para o Direito brasileiro". *JusBrasil*, s/d. (N. R.)

XXIV. Nenhum genero de trabalho, de cultura, industria, ou commercio póde ser prohibido, uma vez que não se opponha aos costumes publicos, á segurança, e saude dos Cidadãos.

Percebemos a permissão de abertura de que nada seria proibido.

XIII. A Lei será igual para todos, quer proteja, quer castigue, o recompensará em proporção dos merecimentos de cada um.

O inciso XX trazia que nenhuma pena passaria da pessoa do delinquente, ou seja, se o pai cometer algum delito, sua pena não passará aos seus filhos:

XX. Nenhuma pena passará da pessoa do delinquente. Por tanto não haverá em caso alguma confiscação de bens, nem a infamia do Réo se transmittirá aos parentes em qualquer gráo, que seja.

O próximo inciso mexia diretamente com liberais ao se tratar da propriedade privada:

XXII. E' garantido o Direito de Propriedade em toda a sua plenitude. Se o bem publico legalmente verificado exigir o uso, e emprego da Propriedade do Cidadão, será elle préviamente indemnisado do valor della. A Lei marcará os casos, em que terá logar esta unica excepção, e dará as regras para se determinar a indemnisação.

Como se pode ver, somente em caso de guerra essa condição poderia ser aplicada. Hoje discute-se a "função social da propriedade", o que destrói toda a possibilidade de forma objetiva, o que era tratada nessa constituição.

Outro fator que se mostra interessante, e depois apareceria na Constituição de 1917 do México, é o inciso sobre a educação. O inciso XXXII coloca que a instrução primária seria gratuita, ou seja, a educação básica seria dada a todos os cidadãos:

XXXII. A Instrucção primaria, e gratuita a todos os Cidadaos.

Segue o inciso sobre colégios e universidades, onde seriam ensinados os elementos das ciências, belas letras e artes:

XXXIII. Collegios, e universidades, onde serão ensinados os elementos das Sciencias, Bellas letras, e Artes.

Dessa forma, foram abertas universidades em São Paulo, Pernambuco e Minas Geais – hoje centenárias, perdurando muito além da Constituição sobre a qual foram fundadas.

O Golpe Republicano:

Dom Pedro II foi o maior estadista que o Brasil já teve. Falava diversas línguas, era extremamente instruído, uma pessoa dada à inovação e tecnologia. Na feira internacional dos Estados Unidos, foi ele quem recebeu a primeira ligação de Graham Bell[52] e quem chamou a atenção do mundo para esse grande inventor. Era alguém que adorava inventos, por isso, é estranho que Jorge Caldeira tenha criado um antagonismo entre Dom Pedro e Visconde de Mauá (1813-1889), mas, óbvio que, dentro do Gabinete, havia muitos contra Mauá, pois tinham inveja do grande empresário. O Visconde de Mauá fez o cabo de telégrafo que ligava o Brasil à Europa e o doou para o Brasil. Grande parte das ferrovias também foram feitas por ele, navios e armamento, por isso o Brasil exportava ambos os itens para muitos países. Os engenhos de Mauá não tinham escravos, pois entendia claramente que a mão de obra remunerada produzia muito mais do que escravos. Quando um escravo ia trabalhar com Mauá, era alforriado, passando a ser remunerando, o que gerava uma gratidão gigantesca.

Um ponto que deve ser entendido é que a monarquia era bem-quista e respeitada no Brasil inteiro. Ela passou a ter sua imagem destruída e mal falada nos anos finais do século XIX e início do XX, principalmente por Floriano Peixoto (1839-1895) e, em especial, por Getúlio Vargas. Destruíram a sua base cultural, criando heróis do nada e mudando a narrativa, tentando destruir tudo aquilo que foi

---

52. Alexander Graham Bell (1847-1922), nascido em Edinburgo, Escócia, criou o telefone, invenção que mudou a história da humanidade.

construído no Império. Fizeram de Dom Pedro I um namorador, mulherengo desmedido, e se esqueceram do guerreiro, muito bem-educado, com base militar, e que era ainda muito jovem na Independência do Brasil. Ele travou várias batalhas, inclusive com seu irmão, e sua figura merece ser mais bem estudada, pois as pessoas focam muito no fato de seus vícios e se esquecem das suas virtudes.

Dom Pedro II não era um bom guerreiro militar e, também na época do Golpe da República, já estava velho. Em 1840, quando tomou posse como imperador, tinha 15 anos, então, em 1889, tinha 64 anos de idade, o que era bem velho dada a época em que a expectativa de vida era de 30 anos – hoje chega a 72 anos. Portanto, quando aconteceu a quartelada, tendo à frente o marechal Deodoro, um general prostrado, sem qualquer vontade ou participação, Dom Pedro II estava no limite da sua vida e com a saúde debilitada.

Deodoro havia sido muito influenciado por Benjamin Constant Botelho de Magalhães (1837-1891) *"O Ruim"*, professor da Escola Superior de Guerra, que queria implantar a república no Brasil. É necessário diferenciarmos esse Benjamin Constant do bom liberal franco-suíço Henri-Benjamin Constant de Rebecque (1767-1830) chamando-o de *"O Ruim"*.

Quando o imperador soube da confusão que estava ocorrendo nas ruas da cidade do Rio de Janeiro, deixou o Palácio Imperial de Petrópolis, onde passava os verões e longas temporadas para tratar da saúde, e voltou à capital de trem. Foi uma decisão equivocada e prova de sua falta de conhecimento tático militar. Deveria ter ficado em Petrópolis e aguardado que a Força de Inteligência o informasse. Portanto, ficou sem saída quando o prenderam no paço imperial, e lhe deram a opção de ir embora.

Tropas ao redor do Brasil começaram a saber da situação e se insurgiram contra a decisão do Exército. Inclusive, na Bahia, o irmão de Deodoro, que era contrário ao golpe e se subordinava ao chefe em comando, o imperador. Porém foi tudo muito rápido e não deu tempo de as tropas se reunirem em torno do imperador e o protegerem. Em dois dias, ele e sua família foram mandados embora para o exílio na Europa. Para termos uma noção do quanto era admirado, quando Dom Pedro II morreu em 1891, seu velório em Paris foi assistido por mais de 30 mil pessoas. Chefes de Estado de vários lugares do mundo foram prestar-lhe as últimas homenagens.

Não podemos nos esquecer de mencionar um dos motivos principais para o fortalecimento do partido republicano: o fim da escravidão e o impasse quanto ao pagamento de indenização aos senhores de escravos. Ou seja, aquilo que era extremamente favorável à imagem da monarquia, seria a sua bancarrota. Demorou-se a acreditar que a escravidão pudesse acabar, pois era a base industrial do país, o trabalho era tipicamente escravo. Existe a Teoria da Janela de Overton, que diz que toda ideia tramita do "impossível" até o "necessário". Assim, o que antes parecia impossível – que era abolir a escravidão –, em dois ou três dias, se tornou necessário – que foi o tempo que duraram as votações na Assembleia Nacional.

Mas é importante lembrar que, desde Dom Pedro I, a família imperial se posicionou contra o regime escravocrata, principalmente a princesa Isabel que, não só tomou a frente assinando a Lei Áurea, como participando de eventos abolicionistas com os filhos. O fato de ela ser casada com um estrangeiro talvez tenha sido um dos maiores problemas quanto ao seu terceiro reinado. Era difícil uma princesa se casar com um plebeu, pois perderia o direito ao trono. Casou-se com conde D'Eu, e muitos tinham preconceito com a possibilidade de um estrangeiro assumir o trono brasileiro – apesar da proteção constitucional –, alguém que havia substituído do grande Duque de Caxias (1803-1880) na Guerra do Paraguai como Comandante-em-Chefe do Exército para o desprazer de muitos militares.

Sem apoio dos militares, sem apoio dos escravocratas, Dom Pedro II levaria, portanto, o golpe que derrubaria a sua coroa e faria do Brasil uma república de sete constituições.

CAPÍTULO 3

CONSTITUIÇÃO DE 1891

Após o Golpe de 1889 que trouxe a derrocada da monarquia, perguntaram ao marechal Deodoro se concordava com o ocorrido, uma vez que a própria população não aderira ao movimento republicano militar, ao que respondeu com a afirmação de que ele mesmo era um monarquista. Ao que parece, nem ele mesmo sabia o que estava conduzindo, influenciado por Benjamin Constant *"O Ruim"*, que havia introduzido as ideias positivistas para a Escola Superior de Guerra, e também os ideais republicanos. Benjamin Constant havia criado laços, definido, de forma centralizada, uma base da "Igreja Positivista"[53] no Brasil.

Os informes da época contam que Deodoro não conseguia andar ereto no cavalo de tão doente que estava e que teria gritado "Viva Sua Majestade o Imperador" ao invés de "Viva a República". Ou seja, em algum momento entre o grito na manhã do 15 de novembro e o exílio da família imperial dois dias depois foi decidida a república como novo regime e tendo o marechal como primeiro presidente. O saldo foi somente dois anos no poder, sendo substituído por Floriano Peixoto[54]. A primeira constituição republicana previa

---

53. A Igreja Positivista é uma espécie de doutrina *humana* que, conforme definição da própria instituição, trata-se de uma religião agnóstica, não transcendente e fundamentalmente imanente, fundada por Auguste Comte (1798-1857), denominada "Religião da Humanidade", inspirada na "supremacia do sentimento sobre a racionalidade para a elevação moral dos homens". (N. R.)
54. Floriano Peixoto (1839-1895) foi um militar e político brasileiro, primeiro vice-presidente e segundo presidente do Brasil, cujo governo abrange a maior parte do período da história brasileira conhecido como República da Espada.

que, em caso de morte do presidente nos primeiros dois anos de mandato, deviam ser convocadas novas eleições. Como Deodoro da Fonseca faleceu nesse período, deveriam ter sido convocadas novas eleições; no entanto, Floriano Peixoto, seu vice, desobedecendo os ditames constitucionais, através de um golpe, assumiu o poder.

De 15 de novembro de 1889 até a nova Constituição em 1891, o Brasil passou a ser governado por decretos. O primeiro instituiu provisoriamente a forma de governo da nação brasileira, a república federativa:

DECRETO Nº 1, DE 15 DE NOVEMBRO DE 1889.

Proclama provisoriamente e decreta como forma de governo da Nação Brasileira a República Federativa, e estabelece as normas pelas quais se devem reger os Estados Federais.

Art. 1º – Fica proclamada provisoriamente e decretada como a forma de governo da Nação brasileira – a República Federativa.

Art. 2º – As Províncias do Brasil, reunidas pelo laço da Federação, ficam constituindo os Estados Unidos do Brasil.

No art. 2º desse decreto foi instituída a mudança de regime, que era defendida pelos liberais no que tange à ideia federativa, pois se acreditava que funcionaria melhor. Assim, as províncias passaram a ser reunidas como Estados Unidos do Brasil. Vale ressaltar que para essa descentralização[55] ocorrer não precisaria de uma transformação de regime, poderia ter se realizado também dentro do regime monárquico.

---

55. Nesses quarenta anos que a Constituição de 1891 esteve em vigor, temos uma situação em busca da ideia federativa do Brasil, mas isso não interessava a grande parte dos políticos, pois ninguém queria perder poder. Inclusive, se um liberal entra para a política, ele tem que ter noção de que o seu principal objetivo deverá ser o de tirar poder de políticos, e não dar a chance de políticos se meterem na vida das pessoas. Assim, como ninguém queria perder poder, a ideia centralizada se manteve, apesar da tentativa de descentralização, de federação, que acabou não acontecendo, mas que eu defendo fortemente.

O Decreto nº 2 tratava sobre a decência da posição da família do ex-imperador e as necessidades do seu estabelecimento no estrangeiro.

DECRETO Nº 2, DE 16 DE NOVEMBRO DE 1889

O Governo Provisorio da Republica dos Estados Unidos do Brazil, querendo prover à decencia da posição da família que acaba de occupar o throno do paiz, e ás necessidades do seu estabelecimento no estrangeiro, resolve: Art. 1º E' concedida á familia imperial, de uma vez, a quantia de cinco mil contos de réis. Art. 2º Esta concessão não prejudica as vantagens asseguradas ao chefe da dynastia deposta e sua familia na mensagem do Governo Provisorio, datada de hoje.

Foi fixada uma pensão de cinco mil réis para o imperador para que ele conseguisse se manter. Algo motivado pelo respeito à sua figura.

O Decreto nº 4 seguia com detalhes sobre os símbolos nacionais e a importância de se manter o verde e amarelo[56] na nova bandeira:

DECRETO Nº 4, DE 19 DE NOVEMBRO DE 1889

Estabelece os distinctivos da bandeira e das armas nacionaes, e dos sellos e sinetes da Republica. O Governo Provisorio da Republica dos Estados Unidos do Brazil: Considerando que as côres da nossa antiga bandeira recordam as luctas e as victorias gloriosas do exercito e da armada na defesa da patria; Considerando, pois, que essa côres, independentemente da forma de governo, symbolisam a perpetuidade e integridade da patria entre as outras nações; Decreta: Art. 1º. A bandeira adoptada pela Republica mantem a tradição das antigas côres nacionaes – verde e amarella – do seguinte modo: um losango amarello em campo verde, tendo no meio a esphera celeste azul, atravessada por uma zona branca, em sentido obliquo e descendente da esquerda para a direita, com a legenda – Ordem e Progresso – e ponteada por vinte e uma estrellas, entre as quaes as da constellação do Cruzeiro, dispostas na sua situação atronomica, quanto a distancia e ao tamanho

---

56. O tom verde era da Dinastia Bragança e o amarelo era dos Habsburgos. A fim de darem explicações não monarquistas para as cores da bandeira republicana, passariam a dizer que o verde representa as matas e o amarelo o ouro do Brasil.

relativos, representando os vinte Estados da Republica e o Municipio Neutro; tudo segundo o modelo debuxado no annexo n. 1.

Vejamos a comparação entre a antiga bandeira, a primeira bandeira republicana e a atual:

Bandeira Imperial do Brasil (1822-1889). Autor: Jean Baptiste Debret.

Bandeira do Brasil (desde 1889). Autores: Raimundo Teixeira Mendes, com a colaboração de Miguel Lemos, Manuel Pereira Reis e Décio Villares.

Foi, então, trocado o brasão belíssimo do centro da bandeira por um com a inscrição "Ordem e Progresso", em vigor até hoje. Para quem não sabe, é importante ser dito em termos históricos, essa inscrição "Ordem e Progresso" foi determinada em virtude de uma base positivista, trazida por Auguste Comte (1798-1857), da França do século XIX. Os grandes representantes desse caminho de "Ordem e Progresso" estavam no Sul do país, em especial os pais políticos de Getúlio Vargas, Júlio de Castilhos e Borges de Medeiros. Essas ideias foram se espalhando cada vez mais pelo Brasil da primeira república, a tal ponto de culminar a Revolução de 1930, em que um positivista chegou ao poder, novamente.

A nova bandeira trazia 21 estrelas representando os Estados à época. A última estrela é o Pará, último Estado a sair da monarquia e aceitar a república. De 1889 até hoje em dia, dada a nova formação dos Estados, entre eles o Distrito Federal ter se tornado Brasília, a bandeira do Brasil ganhou estrelas. Atualmente, contamos 27 estrelas.

O Decreto nº 5 garantia que os desvalidos e artistas subsidiados pelo dinheiro privado do próprio imperador continuariam a receber sua ajuda financeira, mas através do Estado.

DECRETO Nº 5, DE 19 DE NOVEMBRO DE 1889

Assegura a continuação do subsidio com que o ex-imperador pensionava do seu bolso a necessitados e enfermos, viuvas e orphãos. O Governo Provisorio da Republica dos Estados Unidos do Brazil: Considerando que o Sr. D. Pedro II pensionava, do seu bolso, a necessitados e enfermos, viuvas e orphãos, para muitos dos quaes esse subsidio se tornara o unico meio de subsistencia e educação; Considerando que seria crueldade envolver na queda da monarchia o infortunio de tantos desvalidos; Considerando a inconveniencia de amargurar com esses soffrimentos immerecidos a fundação da Republica; Resolve:

Art. 1º Os necessitados, enfermos, viuvas e orphãos, pensionados pelo imperador deposto, continuarão a perceber o mesmo subsidio, emquanto durar a respeito de cada um a indigencia, a molestia, a viuvez ou a menoridade em que hoje se acharem. Art. 2º Para cumprimento desta disposição, se organisará, segundo a escripturação da ex-mordomia da casa imperial, uma lista discriminada, quanto á situação de cada individuo e á quota que lhe couber.

Por meio desse decreto, percebemos o grande governante que se tinha, pois o soldo de Dom Pedro II basicamente era usado para realizar assistência social, custeando estudos de músicos, pintores, cientistas, além de dar pensão a enfermos, viúvas e órfãos. Para fazer essas doações, Dom Pedro não criava impostos. Usava do seu salário que, ainda assim, de forma indireta, era dinheiro dos pagadores de impostos. Esse subsídio em questão nunca foi aumentado durante todo o período monárquico em que Dom Pedro II esteve à frente do Império. Detalhe da nossa história que apenas enfatiza ainda mais a imagem de Hoppe do regime monárquico, com o monarca como o dono da terra, preocupado em mantê-la estável para a próxima geração, evitando a tragédia dos comuns.

Os artigos 1º e 3º do Decreto nº 6, que foi instituído quatro dias após o primeiro decreto, mantiveram os governadores dos estados e nomearam uma comissão para estabelecer a Assembleia Constituinte, que promulgaria a nova Constituição.

> *DECRETO Nº 6, DE 19 DE NOVEMBRO DE 1889*
>
> *Declara que se consideram eleitores para as camaras geraes, provinciaes e municipaes todos os cidadãos brazileiros, no gozo dos seus direitos civis e politicos, que souberam ler e escrever. O Governo Provisorio da Republica dos Estados Unidos do Brazil decreta: Art. 1º Consideram-se eleitores, para as camaras geraes, provinciaes e municipaes, todos os cidadãos brazileiros, no gozo dos seus direitos civis e politicos, que souberem ler e escrever. Art. 3º Revogam-se as disposições em contrario.*

Brasília:

Do preâmbulo dessa nova base constitucional constava que era promulgada pelos representantes eleitos:

> *CONSTITUIÇÃO DE 1891.*
> *CONGRESSO NACIONAL*
>
> *Nós, os representantes do povo brasileiro, reunidos em Congresso Constituinte, para organizar um regime livre e democrático, estabelecemos, decretamos e promulgamos a seguinte.*

Nela foi levantada a questão de a República Federativa ser constituída da união perpétua indissolúvel das antigas províncias, transformadas em Estados. Outro ponto interessante nos primeiros artigos é que falava da mudança de local da capital federal. A ideia não era inovadora e já vinha da época anterior ao Império. Quando Dom João VI se mudou para o Brasil, começaram as especulações se no Rio de Janeiro haveria a infraestrutura ideal para ser a sede do reino português e se era protegida o suficiente, estando à beira-mar. E naquele período falavam de ir para o Planalto e Goiás, o que foi reforçado por José Bonifácio, em 1823, propondo essa interiorização para salvaguardar a integridade do território. O assunto ressurgiu com Adolfo Varnhagen (1816-1878) que, em 1877, foi atrás do melhor local para ser a nova capital, concluindo que fosse entre as lagoas Mestre d'Armas, Formosa e Feia – área que hoje Brasília ocupa. Mas foi na Constituição de 1891 que surgiu a proposta de mudança no art. 3º:

> *Art 3º – Fica pertencendo à União, no Planalto Central da República, uma zona de 14.400 quilômetros quadrados, que será oportunamente demarcada para nela estabelecer-se a futura Capital federal.*
>
> *Parágrafo único – Efetuada a mudança da Capital, o atual Distrito Federal passará a constituir um Estado.*

Essa lógica de *Deep Brasil* foi instituída partindo do pressuposto de um Brasil que ainda não havia sido desbravado e precisava de um ponto central de ligação. Acreditava-se que deveríamos ter um ponto de contato que centralizasse o Brasil – tanto que Brasília está equidistante do país todo, praticamente no meio do território brasileiro.

Brasília, porém, seria oficializada somente em 1960, no governo de Juscelino Kubitschek (1902-1976), construída durante os anos de 1955 a 1960. Isso levaria à quebra o país, gerando uma crise inflacionária gigantesca, apesar de ter um crescimento expressivo quando Kubitschek ocupou o cargo de presidente da República.

A Constituição de 1891:

A Constituição de 1891 ampliava a possibilidade de tributos, aumentando os gastos fortemente com a república. O próprio marechal Deodoro tentava colocar "os seus" em lugares privilegiados usando a máquina pública, o que não era feito no Império; pelo menos não há nenhuma história de troca de favores ou privilégios no período.

Também ocorreu a mudança de nome de Assembleia Geral para Congresso Nacional, o que é mantido até hoje:

Art. 16. O Poder Legislativo é exercido pelo Congresso Nacional, com a sancção do Presidente da República.

O presidente passava a ser chefe do Estado e chefe do Governo:

Art. 41. Exerce o Poder Executivo o Presidente da República dos estados unidos do Brasil, como chefe electivo da Nação.

Vale lembrar que o imperador também era chefe de Estado e chefe de governo, mas ele delegou a função de chefe de governo ao primeiro-ministro, quando passou a ser uma monarquia parlamentarista. O primeiro-ministro era escolhido na eleição, em que os luzias ou saquaremas sempre venciam. Formava-se então um gabinete, juntamente ao imperador, que participava das reuniões, mas quem as conduzia e tocava o dia a dia era o primeiro-ministro, que era o chefe do gabinete.

No Brasil da primeira república, para ser presidente era necessário preencher os seguintes requisitos do §3º, art. 41 – que são mantidos ainda hoje:

§ 3º – São condições essenciais, para ser eleito Presidente ou Vice-Presidente da República:

1º) ser brasileiro nato;
2º) estar no exercício dos direitos políticos;
3º) ser maior de 35 anos.

O presidente também podia nomear e demitir livremente ministros de Estado, competência até hoje mantida em nossa Constituição de 1988:

Art. 48. Compete privativamente ao Presidente da República:
§2º. Nomear e demittir livremente os Ministros de Estado.

E, o art. 54 trazia os crimes de responsabilidade:

Art. 54 – São crimes de responsabilidade os atos do Presidente que atentarem contra: 1º) a existência política da União; 2º) a Constituição e a forma do Governo federal; 3º) o livre exercício dos Poderes políticos; 4º) o gozo, e exercício legal dos direitos políticos ou individuais; 5º) a segurança interna do País; 6º) a probidade da administração; 7º) a guarda e emprego constitucional dos dinheiros públicos; 8º) as leis orçamentárias votadas pelo Congresso.

Passamos, também, a ter cláusulas pétreas, que não tínhamos na Constituição anterior, muito móvel e adaptável. A de 1891 trazia algumas travas, exatamente para não ter o risco de voltar ao regime anterior, o que era muito temido pelos republicanos. O regime monarquista era muito querido, com um imperador reconhecidamente genial, sobretudo em comparação com quem assumiu a República em seguida.

Para ser eleito para os cargos de deputado ou senador, teria que estar de acordo com o art. 70:

Art. 70 – São eleitores os cidadãos maiores de 21 anos que se alistarem na forma da lei. § 1º – Não podem alistar-se eleitores para as eleições federais ou para as dos Estados: 1º) os mendigos; 2º) os analfabetos; 3º) as praças de pré, excetuados os alunos das escolas militares de ensino superior; 4º) os religiosos de ordens monásticas, companhias, congregações ou comunidades de qualquer denominação, sujeitas a voto de obediência, regra ou estatuto que importe a renúncia da liberdade Individual. § 2º – São inelegíveis os cidadãos não alistáveis.

Lembrem que era um regime à força do Exército Brasileiro, que foi quem deu o Golpe da República. Nas Forças Armadas há três divisões: Exército, Marinha e Aeronáutica, e a divisão que sempre tem mais força, com uma corporação gigante, dá o primeiro golpe visando ao poder, principalmente pós-Guerra do Paraguai. Portanto, terminada a luta em 1870, o Exército entendia que poderia ter mais poderes políticos.

Quanto aos direitos do cidadão, eles poderiam ser suspensos ou perdidos nos seguintes casos:

Art. 71 – Os direitos de cidadão brasileiro só se suspendem ou perdem nos casos aqui particularizados. § 1º – Suspendem-se: a) por incapacidade física ou moral; b) por condenação criminal, enquanto durarem os seus efeitos. § 2º – Perdem-se: a) por naturalização em país estrangeiro; b) por aceitação de emprego ou pensão de Governo estrangeiro, sem licença do Poder Executivo federal. § 3º – Uma lei federal determinará as condições de reaquisição dos direitos de cidadão brasileiro.

O artigo seguinte, o 72, trouxe a ideia de proteção à liberdade, à segurança individual e à propriedade:

Art. 72. A Constituição assegura a brasileiros e a estrangeiros residentes no paiz a inviolabilidade dos direitos concernentes a liberdade, a segurança individual e a propriedade nos termos seguintes:

§17. O direito de propriedade mante-se em toda a sua plenitude, salva a desapropriação por necessidade, ou utilidade pública, mediante indemnização prévia.

É interessante perceber que todas as nossas constituições, ressalvada a Emenda Constitucional de 1969, mantiveram a ideia de Liberdade, Segurança Individual e Propriedade. Todas trouxeram essa base de liberdade como uma característica, porém sem cumpri-la, salvo no regime imperial em que era mais aberto e a liberdade de mercado era maior.

Essa Constituição de 1891 foi mais curta do que a anterior, pois aquela trazia a característica do regime imperial, precisando resolver dinastia e alguns outros pontos. Porém naquela que foram criados os Tribunais Superiores[57] e, como era um regime típico dos militares, foi criado o Supremo Tribunal Militar.

Art. 77 – Os militares de terra e mar terão foro especial nos delitos militares. § 1º – Este foro compor-se-á de um Supremo Tribunal Militar, cujos membros serão vitalícios, e dos conselhos necessários para a formação da culpa e julgamento dos crimes. § 2º – A organização e atribuições do Supremo Tribunal Militar serão reguladas por lei.

O art. 83 previa que as leis do antigo regime continuariam em vigor:

---

57. À época do Império havia o Superior Tribunal Federal, tornado Supremo Tribunal Federal, uma instituição centenária, quase bicentenária.

Art. 83 – Continuam em vigor, enquanto não revogadas, as leis do antigo regime no que explícita ou implicitamente não forem contrárias ao sistema do Governo firmado pela Constituição e aos princípios nela consagrados.

Importante explicar que não é porque muda a Constituição que todas as leis são revogadas. As antigas leis são analisadas para avaliar se contrariam o novo sistema. Se temos uma lei de acordo com o sistema novo, ela continua em vigor. Isso é uma característica que tenta manter alguma segurança jurídica, o que no Brasil ficou confuso perante tantas constituições. Por exemplo, se o empreendedor montou uma fábrica em 1850, teve que passar por oito constituições para mantê-la funcionando até os dias atuais. São raríssimas as empresas que conseguiram passar por tantos regimes.

A Constituição de 1891 inaugurou a República Velha, também conhecida como "Café com Leite", em que mineiros e paulistas revezavam-se no poder, deixando os gaúchos e nordestinos fora da divisão dos poderes. E o que irá causar uma virada em 1930.

Nas eleições, as pessoas elegiam o presidente e o vice-presidente de partidos diferentes, que poderiam formar uma chapa – e isso se manteria por muito tempo. Vejamos o art. 1º das Disposições Transitórias:

Art. 1º – Promulgada esta Constituição, o Congresso, reunido em assembleia geral, elegerá em seguida, por maioria absoluta de votos, na primeira votação, e, se nenhum candidato a obtiver, por maioria relativa na segunda, o Presidente e o Vice-Presidente dos Estados Unidos do Brasil.

No art. 7º dos ADCT, foi concedida a Dom Pedro de Alcântara, por decreto, uma pensão, ratificada na Constituição de 1891, e o que havia sido previsto no Decreto nº 5 de 1889, exatamente pela valorização que era dada a esse chefe de Estado mesmo após o golpe que o tirou do poder.

Art. 7º – É concedida a D. Pedro de Alcântara, ex-Imperador do Brasil, uma pensão que, a contar de 15 de novembro de 1889, garanta-lhe, por todo o tempo de sua vida, subsistência decente. O Congresso ordinário, em sua primeira reunião, fixará o quantum desta pensão.

Nesse ínterim, Benjamin Constant *"O Ruim"* morre e sua viúva passa a receber uma pensão prevista no art. 8º, e sua casa foi adquirida para a Nação.

Art. 8º – O Governo federal adquirirá para a Nação a casa em que faleceu o Doutor Benjamin Constant Botelho de Magalhães e nela mandará colocar uma lápide em homenagem à memória do grande patriota – o fundador da República. Parágrafo único – A viúva do Dr. Benjamin Constant terá, enquanto viver, o usufruto da casa mencionada. Mandamos, portanto, a todas as autoridades a quem o conhecimento e execução desta Constituição pertencer, que a executem e façam executar e observar fiel e inteiramente corno nela se contém. Publique-se e cumpra-se em todo o território da Nação.

Pouca gente sabe quem foi Benjamin Constant, um professor da Escola Superior de Guerra, que tinha por objetivo acabar com o Império, mas todos sabem quem foi Dom Pedro II, e isso a história não consegue apagar.

CAPÍTULO 4

CONSTITUIÇÃO DE 1934

Da Constituição de 1824 para a de 1891 houve algumas diferenças que posteriormente seriam agravadas no século XX. Para melhor entender isso, é antes preciso compreender a mudança que se propagou no final do século XIX, quando se passou a acreditar que a Europa tinha conseguido o seu desenvolvimento por ser uma raça superior, com pessoas melhores e mais inteligentes que os outros, o que permitia irem além do provável. Não se achava que todo aquele crescimento se devia às instituições, ao comércio, à revolução industrial, à defesa da vida, da liberdade e da propriedade, mas sim pelo fato de serem europeus, superiores a todas as outras raças, algo racista e coletivista.

Iniciou-se, então, a propagação dos campos de concentração, principalmente em determinadas partes da África, para demonstrar que os negros eram menos inteligentes do que os brancos europeus, através de testes e divisões entre os próprios negros[58].

Essa ideia de "limpar a raça", nesse sentido eugênico, de raça superior, ariana, com grande representação na década de 1930 com Adolf Hitler (1889-1945), começou a ganhar força nos anos antecedentes e, mesmo que inicialmente parecesse algo impossível, foi caminhando pelos estágios da Janela de Overton – ou seja, passou pelo "impossível", primeira fase, depois "radical", segunda

---

58. Inclusive há um filme belga muito bom sobre isso intitulado *Hotel Rwanda* (2004), dirigido por Terry George, que demonstrava como a Europa queria trazer essa divisão para demonstrar a superioridade dos europeus e que criou a divisão entre tutsis e hutus, o que resultou no genocídio de 1994.

fase, "aceitável", terceira fase, "sensato", quarta fase, "popular", quinta fase, e, "necessário", sexta fase.

Portanto, para que para isso ocorresse no século XX, foi preciso que no século XIX, o século do legislativo, construíssem narrativas de autocracia, da valorização do espírito do homem fascista, eugenista. Surgiu também a ideia de que era necessário que as mulheres ficassem em casa para que procriassem melhores filhos, porque o objetivo era melhorar a raça. Esse tema aparece no livro *A Bela Anarquia*, de Jeffrey Tucker[59], que explica como a ideia era perpetrada e como conseguiam fazer isto: a lei de salário mínimo. Mesmo que o nível de produtividade da mulher fosse alto e ela trabalhasse fortemente para o mercado, ainda não atingia o nível salarial dos homens, então se colocou o nível de salário mais baixo dos homens para que as mulheres não conseguissem atingir esse salário e ficassem em casa. E o mesmo esquema foi usado no *Apartheid* na África para tirar os negros do mercado.

Eles começaram a entrar no mercado de trabalho na África do Sul e a tomar os empregos dos brancos, pois aceitavam salários mais baixos, mas, rapidamente, galgavam postos até chegar ao nível de produtividade dos brancos. Para "proteger" a entrada dos negros, decidiram aumentar essa "base de entrada salarial", assim, para um negro inexperiente que só produzia, por exemplo, 200 moedas, o empregador não iria conseguir pagar o salário base de 1.000 moedas, mas os brancos já produziam as 1.000 moedas.

Dessa forma, não tem nada admirável na criação do salário mínimo, implantado apenas para retirar mulheres e negros do mercado de trabalho.

A grande questão em todos esses movimentos coletivistas no final do século XIX e início do XX, fosse o nazismo, o fascismo, o comunismo, era que eles se consideravam superiores e o indivíduo

---

59. São Paulo: LVM Editora, 2018. (N. R.)

não importava, apenas o coletivo era importante. Isso foi bem recebido no Brasil pelos camisas verdes, os integralistas[60], que também apoiavam o regime varguista.

Fascismo no Brasil:

O crescimento do fascismo no século XX, o século do Executivo, não começou apenas nos anos 1930. Quando os comunistas chegaram ao poder, em 1917, na União Soviética, os regimes fascistas iam se estabelecendo, principalmente na Itália após a unificação encabeçada por Giuseppe Garibaldi (1807-1882) e Giuseppe Mazzini (1805-1872). Os estados italianos acreditavam que um *feixe* sozinho era fraco, e vários *feixes* juntos eram mais fortes, mais difíceis de serem quebrados – *feixe* de fascista, que em italiano é *fascio*. Mussolini (1883-1945)[61] defendia "nada contra o Estado, nada fora do Estado, tudo pelo Estado", exatamente o contrário dos ideais liberais e libertários, que é o indivíduo em si.

No Brasil, em 1930, houve uma efervescência política grande quando os gaúchos ganharam a vontade de assumir o poder e Getúlio Vargas era o governador do estado do Rio Grande do Sul. Período em que também os paulistas e mineiros não encontraram um consenso em quem seria o próximo presidente do Brasil, criando oportunidade para o embate com os gaúchos que juntos formariam a "Aliança Liberal".

Para mostrar que chegavam ao Rio de Janeiro para assumir o poder, os gaúchos amarraram os cavalos no Obelisco[62]. No livro de Érico Veríssimo (1905-1975), *O Tempo e O vento*, há uma cena

---

60. Ação Integralista Brasileira. Para maiores informações, consulte https://integralismo.org.br/, acesso em 4/mar/2023. (N. R.)

61. Benito Mussolini (1883-1945) – Político italiano que liderou o Partido Nacional Fascista.

62. Em um gesto simbólico que representou a tomada do poder, os revolucionários gaúchos, chegando ao Rio de Janeiro, amarraram seus cavalos no Obelisco da Avenida Rio Branco. Em 3 de novembro, terminava a Primeira República e começava um novo período da história política brasileira, com Getúlio Vargas à frente do Governo Provisório.

em que o personagem de um médico vai em viagem de trem em direção ao Rio de Janeiro e quando lá, também amarra o seu cavalo.

Quando foi feito um acordo com o Exército, Getúlio Vargas assumiu o poder e revogou a Constituição de 1891. Passou a governar por decretos até que os paulistas entraram em uma revolução: a Revolução Constitucionalista, em 1932, para que fosse implementada uma nova Constituição.

Foi chamada uma Assembleia Constituinte, que aumentaria o poder do Estado e em cujo preâmbulo está escrito:

CONSTITUIÇÃO DE 1934.
A Nação brasileira, constituída pela união perpetua e indissolúvel dos estados, do Districto Federal e dos Territorios em estados unidos do Brasil, mantém como forma de governo, sob o regime representativo, a Republica Federativa proclamada em 15 de novembro de 1889.

Há a previsão, no segundo artigo, de que todos os poderes emanam do povo, algo que Abraham Lincoln já dizia:

Art. 2. Todos os poderes emanam do povo, e em nome delle são exercidos.

A partir do art. 5º, ampliou-se a ideia de que a União fortalece. Centralizam mais as decisões, o controle da legislação e a xenofobia – uma vez que se não é parte de uma raça superior, é de uma inferior, portanto, os estrangeiros passaram a ser mal valorizados. O Brasil começa a criminalizar outras línguas, a tratar mal os estrangeiros, inicia-se uma aversão ao investimento externo, Getúlio passa a encampar diversas empresas. No caso do petróleo, ao encontrarem o poço na Bahia, Getúlio tomou como patrimônio nacional em nome da segurança nacional, e encampou esse primeiro poço.

No mesmo artigo há a proposta de um sistema monetário nacional, enumerando suas funções, além de instituir um banco de emissão, pois não havia um Banco Central ainda formalizado.

Art. 5. Compete privativamente a união:
XII. fixar o systema monetário, cunhar e emittir moeda, instituir banco de emissão.

Além disso, nesse mesmo artigo surgiu a previsão de educação. Inspirada na Constituição de Weimar, do México e da União Soviética de 1917, 1918 e 1919, a Constituição de 1934 também definia a obrigação da educação nacional como uma exclusividade do Estado, sendo a União a competente privativa em matéria de educação. A partir desse controle da União sobre a educação, iniciou-se a destruição de toda a história do antigo regime, da época do império brasileiro, destruindo marcas, símbolos feitos ao longo dos cem anos de Brasil.

A lógica de Estado federado é que o ente possa ter uma autonomia para definir como funcionará, tal qual como os Estados americanos. A Constituição de 1891 havia se inspirado na Constituição americana no que tange à divisão dos estados com essa perspectiva de ampliar e possibilitar que cada um possa definir como funcionaria. Porém a Constituição de 1934 alterou isso ao definir que o Rio de Janeiro, capital da época, iria decidir como os direitos penal, comercial, civil, aéreo e processual iriam ocorrer no território brasileiro, além de registros públicos e juntas comerciais. Ocorria mais uma centralização dentro do regime de Getúlio Vargas.

Além da desapropriação, requisições civis e militares em tempos de guerra –diferentemente da tal da função social da propriedade colocada na Constituição de 1988 –, também começam a se estabelecer regimes de portos e navegação. Uma amostra do controle da economia e intervenção estatal. Em termos de comparação, talvez a constituição que mais interveio na economia depois da de 1934 tenha sido a de 1988, que definiu monopólios e uma série de outras obrigações antes não previstas.

Portanto, passa a ser competência federal: desapropriação, arbitragem comercial, junta comercial, radiocomunicação, emigração e imigração, caixa econômica e as riquezas do subsolo como mineração, metalurgia, águas, energia hidrelétrica, florestas, caça, pesca e sua exploração. É interessante mencionar que já havia hidrelétricas no Brasil, construídas por grandes empreendedores, no entanto, a partir de 1930, Getúlio Vargas encampa essas empresas – isso aparece também no art. 116, como veremos.

Ainda sobre questões territoriais, o art. 16 da Constituição discorre sobre o Acre, incorporado pelo visconde do Rio Branco (1819-1880) numa negociação feita com a Bolívia por meio do pagamento de uma indenização:

> Art. 16. Além do Acre, constituirão territórios nacionaes outros que venham a pertencer á união, por qualquer titulo legitimo.

O Legislativo continuava como era em 1891, com quatro anos de legislatura, exercido pela Câmara dos Deputados e Senado, conforme o art. 22:

> Art. 22. O poder Legislativo é exercido pela Camara dos Deputados, com a collaboração do Senado Federal.

No Título IV, porém, surgia uma novidade: ordem econômica e social.

> Art. 115 – A ordem econômica deve ser organizada conforme os princípios da Justiça e as necessidades da vida nacional, de modo que possibilite a todos existência digna. Dentro desses limites, é garantida a liberdade econômica.

Percebemos que era garantida a liberdade econômica no colacionado artigo, porém no artigo seguinte surgia o princípio dos monopólios:

> Art. 116 – Por motivo de interesse público e autorizada em lei especial, a União poderá monopolizar determinada indústria ou atividade econômica, asseguradas as indenizações, devidas, conforme o art. 112, nº 17, e ressalvados os serviços municipalizados ou de competência dos Poderes locais.

Contraditoriamente, havia liberdade econômica, mas caso o Estado gostasse da sua empresa, como vimos, ele a tomava. Rothbard (1926-1995)[63] dizia: "toda vez que o Estado está muito feliz com sua

---

63. Murray N. Rothbard (1926-1995) foi um economista, historiador e filósofo político americano, ligado à Escola Austríaca.

parceria, olhe para o seu bolso; você está prestes a ser roubado"[64]. Tomando as palavras do economista, essa situação poderia ser descrita como: todas as vezes que você se deparar com "segurança nacional, patrimônio nacional, interesse nacional, soberania nacional"[65], olhe para seu bolso. Você não está prestes a ser roubado; está sendo roubado agora, pois alguém está sendo beneficiado fortemente com isso e, provavelmente, esse alguém é quem fala que é "para o bem da segurança, patrimônio e interesse sociais".

O intuito, portanto, era de munir a economia popular, desenvolvimento de crédito e a nacionalização progressiva dos bancos de depósito:

> *Art. 117 – A lei promoverá o fomento da economia popular, o desenvolvimento do credito e a nacionalização progressiva dos bancos de deposito. Igualmente providenciará sobre a nacionalização das empresas de seguros em todas as suas modalidades, devendo constituir-se em sociedade brasileira as estrangeiras que actualmente operam no paiz.*

Dessa forma, expulsavam os empreendimentos estrangeiros do país e providenciavam a nacionalização das empresas em todas as suas modalidades, devendo constituir-se em sociedade brasileira as estrangeiras que atuavam no Brasil. Ou seja, poderiam até trabalhar em território brasileiro, desde que fossem brasileiras. Era caso de xenofobia.

E, mesmo sendo prevista a liberdade econômica, o art. 118 pontuava que tudo que estivesse abaixo do solo ou fizesse parte dele, inclusive as quedas d'água, pertencem à União e só ela poderia explorá-los.

> *Art. 118 – As minas e demais riquezas do subsolo, bem como as quedas d'água, constituem propriedade distinta da do solo para o efeito de exploração ou aproveitamento industrial.*

Se até as quedas d'água constituem propriedade do Estado, não se podia mais construir hidrelétricas, já que o que permite a turbina rodar, fazendo a hidrelétrica funcionar, são exatamente elas. Por

---

64. "Sempre que surgir um grande empresário abraçando com entusiasmo e júbilo a parceria entre governo e empresas, senhoras e senhores, é bom ficarem de olho em suas carteiras – vocês estarão prestes a ser espoliados" – Murray Rothbard.
65. Sempre que Making Economic Sense (1995).

isso, as primeiras construídas no Nordeste, em especial a de Paulo Afonso[66], feitas por grandes empreendedores, foram estatizadas ou encampadas por Getúlio Vargas.

> *Art. 119. § 4º – A lei regulará a nacionalização progressiva das minas, jazidas minerais e quedas d'água ou outras fontes de energia hidráulica, julgadas básicas ou essenciais à defesa econômica ou militar do País.*

E quem iria dizer o que é essencial para a defesa econômica ou militar do país? Getúlio Vargas!

Em contrapartida, surgiram também as concessões, autorizações e permissões. Existe uma diferença grande entre privatizar e conceder. Quando se privatiza, tira-se o objeto da mão do Estado, aquilo já não está submetido a ele. Quando se concede, o Estado dá a concessão para alguém, mas aquilo será devolvido. Trata-se, portanto, da titularidade do direito. Os municípios são titulares, por exemplo, de água e de esgoto, segundo a Constituição de 1988, e concedem a prestação desse serviço a uma empresa. Já o titular do serviço aeroviário é a União, pois concede o espaço e os aeroportos para que seja feita a exploração do serviço por determinado período.

É importante salientar que até hoje segue o problema da autorização estatal para que alguém possa produzir. Ayn Rand fala sobre isso ao criticar o fato de produtores necessitarem de autorização de quem não produz nada, pois triste é o país onde os produtores precisam de quem nada produz[67].

Travestido de preocupação, o interesse pela coletividade, parecido com o que ocorre no fascismo, surgiu na Constituição de 1934 da seguinte forma:

---

66. Complexo hidrelétrico localizado no município de mesmo nome, na Bahia.
67. "Quando você perceber que, para produzir, precisa obter a autorização de quem não produz nada; quando comprovar que o dinheiro flui para quem negocia não com bens, mas com favores; quando você perceber que muitos ficam ricos pelo suborno e por influência, mais que pelo trabalho, e que as leis não nos protegem deles, mas, pelo contrário, são eles que estão protegidos de você; quando perceber que a corrupção é recompensada e a honestidade se converte em auto sacrifício; então poderá afirmar, sem temor de errar, que sua sociedade está condenada" – Ayn Rand (ref.).

Art. 119. § 5º – A União, nos casos prescritos em lei e tendo em vista o interesse da coletividade, auxiliará os Estados no estudo e aparelhamento das estâncias mineromedicinais ou termomedicinais.

Lembrando que o mundo vivia regimes totalitários como o fascista, o nazista e o comunista[68] até um país bater o pé e dizer: "*We Shall Never Surrender*"[69] [Não iremos nos render]. O mundo deve muito a Winston Churchill (1874-1965) e à Inglaterra que, durante um ano e meio, seguraram toda a força dos nazistas para evitar que esses regimes coletivistas dominassem o planeta Terra. Porém nem a Inglaterra estava a salvo desse pensamento totalitário e coletivista; havia os fascistas ingleses conhecidos por camisas negras[70]. Já no Brasil, os fascistas brasileiros eram chamados de camisas verdes, e em outros países eram conhecidos por camisas pardas. Conta-se que os camisas negras queriam marchar até os bairros judeus para destruí-los. Para impedir tal barbárie, milhares de ingleses foram às ruas e se colocaram em frente ao bairro judeu para impedir que os camisas negras avançassem. No segundo livro da trilogia *O Século*, em *O Inverno do Mundo*, Ken Follett trata dessa realidade, demonstrando como o mundo inglês não admitiria que os judeus fossem maltratados. Há também o seriado *Peacky Blinders*, cuja última temporada mostra como o fascismo/nazismo estava se alastrando pela Europa.

---

68. O fascismo e o nazismo tinham diferenças, mas as bases coletivistas eram as mesmas, assim como o comunismo. Tanto que os três eram aliados no início da Segunda Guerra Mundial no trato feito entre a Alemanha e a União Soviética, o Pacto Molotov-Ribbentrop.
69. Frase de Winston Churchill, parte do discurso proferido em 4 de junho de 1940 no Parlamento Britânico, conhecido como "We shall fight on the beaches". O discurso é este: https://www.youtube.com/watch?v=s_LncVnecLA , com acesso em 4/mar/2023. (N. R.)
70. Os camisas negras foram organizados por Benito Mussolini como uma violenta ferramenta militar. Os fundadores foram intelectuais nacionalistas, ex-oficiais militares, membros especiais dos Arditi e jovens latifundiários que se opunham aos sindicatos de trabalhadores e camponeses do meio rural. Seus métodos tornaram-se cada vez mais violentos à medida que o poder de Mussolini aumentava. Entre seus componentes, que formavam um grupo muito heterogêneo, incluíam-se criminosos e oportunistas em busca da fortuna fácil. Aqui o autor se refere aos camisas negras britânicos de Oswald Mosley (1896-1980), que importaram da Itália fascista a ideia dessa milícia.

Os sindicatos foram criados com base fascista de não representar os interesses dos trabalhadores, algo que seria muito legítimo, mas para ajuntar, que é a lógica fascista de aglutinar. A lógica da soma, pois aquilo que não soma está fora do coletivo, da união, do *feixe*, então, não presta. Não respeitam o direito individual dos outros de optar por não fazerem parte de algo. O art. 120 propôs sindicatos:

> *Art. 120 – Os sindicatos e as associações profissionais serão reconhecidos de conformidade com a lei.*

O artigo seguinte é sobre o amparo de produção e as condições do trabalho, que seriam os direitos sociais. Não devem ser confundidos com direitos humanos. São ideias coletivistas de negociações de trabalho que, pela primeira vez, foram trazidas para o Brasil, assim como a perspectiva de salário mínimo e carga horária de trabalho:

> *Art. 121 – A lei promoverá o amparo da produção e estabelecerá as condições do trabalho, na cidade e nos campos, tendo em vista a proteção social do trabalhador e os interesses econômicos do paiz.*

Proibição de diferença salarial, exigência de salário mínimo, regulamentação de carga horária, proibição de trabalho de menores, repouso semanal, repouso aos domingos, férias anuais[71] foram

---

71. Art. 121. § 1º – A legislação do trabalho observará os seguintes preceitos, além de outros que colimem melhorar as condições do trabalhador: a) proibição de diferença de salário para um mesmo trabalho, por motivo de idade, sexo, nacionalidade ou estado civil; b) salário mínimo, capaz de satisfazer, conforme as condições de cada região, às necessidades normais do trabalhador; c) trabalho diário não excedente de oito horas, reduzíveis, mas só prorrogáveis nos casos previstos em lei; d) proibição de trabalho a menores de 14 anos; de trabalho noturno a menores de 16 e em indústrias insalubres, a menores de 18 anos e a mulheres; e) repouso hebdomadário, de preferência aos domingos; f) férias anuais remuneradas; g) indenização ao trabalhador dispensado sem justa causa; h) assistência médica e sanitária ao trabalhador e à gestante, assegurando a esta descanso antes e depois do parto, sem prejuízo do salário e do emprego, e instituição de previdência, mediante contribuição igual da União, do empregador e do empregado, a favor da velhice, da invalidez, da maternidade e nos casos de acidentes de trabalho ou de morte; i) regulamentação do exercício de todas as profissões; j) reconhecimento das convenções coletivas, de trabalho.

trazidos como obrigação pela Constituição. Assim como a indenização ao trabalhador dispensado sem justa causa, a assistência médica, a regulamentação do exercício de profissão. Nesse caso, tal qual aparece na alínea i, a regulamentação não é para proteger ou valorizar o trabalhador que tem conhecimento, mas para gerar reserva de mercado. Surgiram então os conselhos de classes que, em tese, iriam proteger o trabalho, as pessoas delas mesmas.

Em 1934 foi instituída a Justiça do Trabalho, que não era para o bem, nem para proteger o trabalhador, mas sim para evitar greves, pois a sua base, por muito tempo, eram comissões de conciliação. Mais um dos princípios dos *feixes*: trabalhar juntos para que continuasse funcionando.

Outro ponto forte do caráter fascista é a ideia da eugenia, que apareceu nessa Constituição da seguinte forma na alínea B:

> *Art. 138 – Incumbe à União, aos Estados e aos Municípios, nos termos das leis respectivas:*
>
> *b) estimular a educação eugênica;*

É trazida na Constituição de 1934 a educação obrigatória. Em vários artigos se previu planos relacionados ao ensino de todos, a obrigação de todos a estudar, respeitando a liberdade de cátedra. Ao menos o professor teria a liberdade no ensino de cátedra.

Igualmente se iniciou a lógica de indexação no Brasil[72] no art. 156:

> *Art. 156 – A União e os Municípios aplicarão nunca menos de dez por cento, e os Estados e o Distrito Federal nunca menos de vinte por cento, da renda resultante dos impostos na manutenção e no desenvolvimento dos sistemas educativos.*

Ou seja, começaram a indexação de valores para impulsionar o sistema educacional, em que a educação estatal era muito forte.

---

72. A primeira lógica da indexação começa a parecer na Constituição de 1934 e hoje em dia, no Brasil, é de 17% para educação e 15% para saúde.

Outra importante mudança foi quanto à estabilidade empregatícia. Os funcionários públicos passaram a ser estáveis após dois anos de trabalhos prestados e os privados, após 10 anos. Ou seja, se alguém trabalhasse há uma década em uma empresa, não poderia ser demitido. O efeito não intencional dessa legislação, como Bastiat dizia, era: o que se vê era o funcionário estável após dez anos; o que não se vê era que, ao completar nove anos e trezentos e sessenta e quatro dias, o funcionário era demitido, dificultando as relações trabalhistas e afetando, inclusive, o nível de produtividade.

O FGTS[73] foi criado exatamente para acabar com essa estabilidade. Não havia a intenção de fazer uma poupança, mas, na prática, tornou-se uma poupança forçada aos trabalhadores, prejudicando ainda mais esses senhores.

> *Art. 169 – Os funcionários públicos, depois de dois anos, quando nomeados em virtude de concurso de provas, e, em geral, depois de dez anos de efetivo exercício, só poderão ser destituídos em virtude de sentença judiciária ou mediante processo administrativo, regulado por lei, e, no qual lhes será assegurada plena defesa.*

Alguns artigos depois, no art. 175[74], teremos a previsão da possibilidade de estado de sítio, declarado pelo presidente da República na iminência de agressão estrangeira. Até hoje é possível ter o estado de sítio e o estado de defesa, mas naquela época foi usado para limitar o acesso e a saída de pessoas. Inclusive, em tese, não poderia ser travada a liberdade individual das pessoas como estava sendo feito durante a covid-19 sem esse estado de sítio ou estado de defesa.

Um ponto curioso dessa Constituição é que, em muitos artigos, se previa a representação diplomática do Vaticano, a Santa Sé – a nossa atual não tem isso.

---

73. Fundo de Garantia do Tempo de Serviço.
74. Art. 175. O Poder Legislativo, na iminência de agressão estrangeira, ou na emergência de insurreição armada, poderá autorizar o Presidente da República a declarar em estado de sítio qualquer parte do território nacional, observando-se o seguinte.

Também se colocava a defesa contra os efeitos das secas nos estados do Nordeste, ficando a cargo da União essa tarefa[75]. Dessa forma, criaram o DENOCS – Departamento Nacional de Obras Contra as Secas –, cuja sede fica em Fortaleza até hoje.

Portanto, percebemos que a Constituição de 1934 era intervencionista e fortemente inspirada na Constituição mexicana. Entrava no mercado, além de ser criadora da base de concessão e autorização, que destruiria a economia, a inovação e o empreendedorismo. Dava tudo para o Estado, não podendo haver nada fora do Estado e nada contra o Estado. Foi uma Constituição que caminhava de encontro ao fascismo. E, em 1937, abraçou o fascismo quando Getúlio Vargas, após sete anos no poder, deu o golpe dentro do golpe.

---

75. Art. 177. A defesa contra os efeitos das secas nos Estados do Norte obedecerá a um plano sistemático e será permanente, ficando a cargo da União, que dependerá, com as obras e os serviços de assistência, quantia nunca inferior a quatro por cento da sua receita tributária sem aplicação especial.

CAPÍTULO 5

CONSTITUIÇÃO DE 1937

Por mais que a Constituição de 1934 fosse dirigista e intervencionista, não bastava para Getúlio Vargas o Estado poderoso. Na Europa, nesse ano de 1937, Hitler e Mussolini se fortaleciam, assim como os países comunistas soviéticos, o que reforçava o Pacto Molotov-Ribbentrop[76]. Era a onda totalitarista e coletivista invadindo o mundo. Então, um ano antes das novas eleições presidenciais, Getúlio outorgou a Constituição Polaca – que assim ficou conhecida por ter muitas características semelhantes à polonesa[77]. A justificativa, que seria recorrente, de suas atitudes era com base na existência de um hipotético inimigo externo: a ameaça comunista – o que também vai justificar o golpe de 1964. E isso aparece já no preâmbulo da Constituição de 1937:

O PRESIDENTE DA REPÚBLICA DOS ESTADOS UNIDOS DO BRASIL,
ATENDENDO às legitimas aspirações do povo brasileiro à paz política e social, profundamente perturbada por conhecidos fatores de desordem, resultantes da crescente a gravação dos dissídios partidários, que, uma, notória propaganda demagógica procura desnaturar em luta de classes, e da extremação, de conflitos ideológicos, tendentes, pelo seu desenvolvimento natural, resolver-se em termos de violência, colocando a Nação sob a funesta iminência da guerra civil;

---

76. O Tratado assinado entre União Soviética e Alemanha era o Pacto Ribbentrop--Molotov, oficialmente um pacto de não agressão entre ambos, assinado por seus ministros de relações exteriores, ou de negócios estrangeiros, Joachim von Ribbentrop (1893-1946) e Viatcheslav Molotov (1890-1986), em 26 de agosto de 1939.

77. Na minha visão, ela era muito mais semelhante à Constituição de Weimar, do México, da Alemanha e da União Soviética, que eram constituições dirigistas, intervencionistas, e cujo objetivo era fortalecer uma ditadura sanguinária.

ATENDENDO ao estado de apreensão criado no País pela infiltração comunista, que se torna dia a dia mais extensa e mais profunda, exigindo remédios, de caráter radical e permanente;

ATENDENDO a que, sob as instituições anteriores, não dispunha, o Estado de meios normais de preservação e de defesa da paz, da segurança e do bem-estar do povo;

Sem o apoio das forças armadas e cedendo às inspirações da opinião nacional, umas e outras justificadamente apreensivas diante dos perigos que ameaçam a nossa unidade e da rapidez com que se vem processando a decomposição das nossas instituições civis e políticas;

Resolve assegurar à Nação a sua unidade, o respeito à sua honra e à sua independência, e ao povo brasileiro, sob um regime de paz política e social, as condições necessárias à sua segurança, ao seu bem-estar e à sua prosperidade, decretando a seguinte Constituição, que se cumprirá desde hoje em todo o País:

Assim iniciava o período conhecido como Estado Novo, que iria de 1937 a 1945. O Estado Novo trouxe toda a perspectiva ditatorial, de fato, pela primeira vez, escancaradamente. Era um regime ditatorial em que foi perdida a liberdade individual diante de um suposto risco iminente a toda a população. A xenofobia estava ainda mais evidente e tudo aquilo que não fosse nacional, era ruim. Era o inimigo externo. E nada une mais os inimigos internos do que os inimigos externos, ainda que sejam imaginados. Quando os Estados Unidos têm um problema interno, por exemplo, eles costumam buscar uma guerra fora do país para conseguir justificar aquilo que está sendo feito internamente.

A Segunda Guerra Mundial prestes a começar, o Brasil se inclinando para os italianos e alemães, e Getúlio Vargas gerenciando uma ditadura que começava na utilização dos símbolos nacionais:

Art. 2º – A bandeira, o hino, o escudo e as armas nacionais são de uso obrigatório em todo o País. Não haverá outras bandeiras, hinos, escudos e armas. A lei regulará o uso dos símbolos nacionais.

Significava dizer que qualquer bandeira, estadual ou municipal, seria completamente abolida, apenas a bandeira nacional poderia ser usada, situação em que passamos a ter maior centralização do poder. Esse era apenas o primeiro estágio da intervenção que o governo federal aplicaria em cada estado. No art. 9[78] foram nomeados interventores para cada estado e no art. 27 consta:

Art. 27 – O Prefeito será de livre nomeação do Governador do Estado.

Era nomeado um interventor, e esse interventor nomearia os outros interventores municipais, controlando tudo. Mas quem detinha maior controle, até das leis, seria o presidente da República.

Art. 12 – O Presidente da República pode ser autorizado pelo Parlamento a expedir decretos-leis, mediante as condições e nos limites fixados pelo acto de autorização.

Desde Aristóteles, partia-se do pressuposto que quem fazia leis, não podia executá-las, nem as julgar[79], devendo sempre serem poderes diferentes, exatamente para garantir os *checks and balances*, freios e contrapesos. Nesse art. 12, ao presidente era permitido emitir leis, que não eram apenas medidas provisórias, com prazos determinados. Eram leis, definitivamente, mediante as condições nos limites fixados pelo ato de autorização. Poder esse que nem mesmo um monarca tinha, pois o imperador do país sequer emitia medidas provisórias, muito menos, decretos-leis.

O art. 174 dizia que a Constituição poderia ser emendada, e o seu § 4º trazia a previsão de que o Projeto de Lei de iniciativa do presidente não poderia ser rejeitado.

§ 4º – No caso de ser rejeitado o projecto de iniciativa do Presidente da República, ou no caso em que o Parlamento approve definitivamente, apesar

---

78. Art. 9. O Govêrno Federal intervirá nos estados mediante a nomeação, pelo Presidente da República, de um Interventor, que assumirá no estado as funcções que pela sua Constituição competirem ao Poder Executivo, ou as que, de accordo com as conveniências e necessidades de cada caso, lhe foram atribuídas pelo Presidente de Republica.

79. "Não convém que as mesmas pessoas que detêm o poder de legislar tenham em suas mãos o poder de executar as leis, pois elas poderiam se isentar da obediência às leis que fizeram, e adequar a lei à sua vontade", conceito sobre separação dos Poderes de John Locke. (ref.)

da opposição daquelle, o projecto de iniciativa da Câmara dos Deputados, o Presidente da República poderá, dentro em trinta dias, resolver que um ou outro projecto seja submettido ao plebiscito nacional.

A isso podemos chamar de ditadura, autocracia, quando um ente concentra o poder dos demais entes, quando se cria a lei para executá-la. Portanto, o presidente da República poderia, também nos períodos de recesso ou de dissolução da Câmara dos Deputados, expedir decretos-leis. Ou seja, mesmo sem autorização do Congresso Nacional, o presidente poderia criar leis, decretos-leis. Além disso, estes vão permitir um fortalecimento do Poder Executivo, o que aconteceria na Itália e na Alemanha.

Na Alemanha, havia um grande jurista chamado Carl Schmitt[80] que, apesar de nazista, era genial. Ele criou a teoria em que se afirmava que a constituição seria aquilo que o povo quer. Ou seja, se o povo quer que o presidente possa editar decretos-leis, que ele seja autor do poder, então, assim a constituição deve prever, haja vista todo o poder emanar do povo, exatamente a perspectiva de uma constituição viva.

Porém as constituições não foram feitas para aumentar o poder do governante, mas, ao contrário, foram feitas para limitá-lo, o que estava em oposição às ideias de Carl Schmitt.

Dentro do Congresso Nacional também foi criado um Conselho Nacional de Economia, sobre o qual o presidente da República detinha poder, junto ao parlamento, e que servia para definir as normas. Era uma situação preocupante, pois o presidente intervia na elaboração de normas dentro do parlamento. Podia haver o sufrágio direto, mas o Legislativo era completamente subordinado, colocado à disposição de Getúlio Vargas, que chegaria a fechá-lo em alguns momentos da história.

Art. 57 – O Conselho da Economia Nacional compõe-se de representantes dos vários ramos da producção nacional designados, dentre pessôas qualificadas pela sua competência especial, pelas associações profissionaes ou syndicatos reconhecidos em lei, garantida a igualdade de representação entre empregadores e empregados.

---

80. Carl Schmitt, teórico político e jurista alemão (1888-1985).

Esse conselho, portanto, era completamente dominado pelo presidente, e ele se utilizava, muitas vezes, de plebiscitos e referendos para confirmar suas decisões, assim como Hitler e Mussolini. Ou seja, eram usados como *feixe*: agrupavam para serem mais fortes, para que conseguissem ter vantagens naquilo que lhes interessava, quebrando a ideia de democracia representativa.

Tocqueville, no livro *Da Democracia na América*, fala da defesa clara do direito do indivíduo, que a democracia não pode adentrar a esfera privada das pessoas, que é o que acontece em ditaduras, pois começa-se a querer regular costumes, passa-se a querer determinar o que as pessoas fazem em sua vida privada, passando a enxergar o indivíduo como parte do coletivo, de um a ideia que é maior do que elas, e tudo se justifica sob o argumento de que só assim o coletivo prosperará, terá êxito.

> *Art. 64 – A iniciativa dos projectos de lei cabe, em princípio, ao Governo. Em todo caso, não serão admittidos como objecto de deliberação projectos ou emendas de iniciativa de qualquer das Câmaras, desde que versem sobre matéria tributária ou que de uns ou de outros resulte augmento de despeza.*

Mais um artigo que demonstra que as iniciativas de projetos de lei eram do Poder Executivo, e o Congresso seria um mero carimbador daquilo que o Executivo queria. Era uma ditadura. Tanto que havia o Conselho Nacional de Economia completamente subordinado ao presidente:

> *Art. 65 – Todos os projectos de lei que interessem à economia nacional em qualquer dos seus ramos, antes de sujeitos à deliberação do Parlamento, serão remettidos à consulta do Conselho da Economia Nacional.*

Todos os projetos tinham que passar pelo presidente e, se ele não aceitasse, estaria fora de cogitação. Era uma quebra institucional. Na realidade, o presidente era o órgão superior, estava acima de todo mundo. Ele como autoridade suprema do Estado:

> *Art. 73 – O Presidente da República, autoridade suprema do Estado, coordena a actividade dos órgãos representativos, de grau superior, dirige*

a política interna e externa, e promove ou orienta a política legislativa de interesse nacional e superintende a Administração do Paíz.

Dentre as prerrogativas do presidente, ele podia dissolver o Parlamento, o que não é próprio de uma República Federativa presidencialista, em que não se cabe a ideia de dissolvê-lo.

O art. 75 coloca que o presidente podia indicar um dos candidatos à presidência da República, e ele podia dissolver a Câmara dos Deputados, podia designar membros do Conselho Federal, podia adiar, prorrogar e convocar o Parlamento, em suma, podia fazer tudo o que quisesse:

Art. 75 – São prerrogativas do Presidente da República:

a) indicar um dos candidatos à Presidência da República;

b) dissolver a Câmara dos Deputados no caso do parágrafo único do art. 167;

c) nomear os Ministros de Estado;

d) designar os membros do Conselho Federal reservados à sua escolha;

e) adiar, prorrogar e convocar o Parlamento;

f) exercer o direito de graça.

E, no art. 80, Getúlio ainda prorrogou de quatro para seis anos o período presidencial[81].

A ideia da prisão perpétua e pena de morte[82], que hoje é proibida, entrou na Constituição como relacionada a crime de guerra e homicídios.

É importante pontuar que não houve manifestações, passeatas contra Getúlio ou essa Constituição. Grande parte do país se juntou à ideia de *feixe*, que quebrou toda a lógica institucional do país e impôs uma ditadura absurda que começou em 1930 e só terminaria em 1945. Em decorrência da ideia de *feixe*, surgia também a de que

---

81. Art. 80 – O período presidencial será de seis anos.
82. Art. 122. 13 – não haverá penas corpóreas perpétuas. As penas estabelecidas ou agravadas na lei nova não se aplicam aos fatos anteriores. Além dos casos previstos na legislação militar para o tempo de guerra, a lei poderá prescrever a pena de morte para os seguintes crimes:

todos os brasileiros eram uma grande família e que Getúlio Vargas era o pai de todos.

> *Art. 127 – A infância e a juventude devem ser objecto de cuidados e garantias especiaes por parte do Estado, que tomará todas as medidas destinadas a assegurar-lhes condições physycas e moraes de vida sã e de harmonioso desenvolvimento das suas faculdades.*
>
> *O abandono moral, intelectual ou physyco da infância e da juventude importará falta grave dos responsáveis por sua guarda e educação, e crea ao Estado o dever de provê-las do conforto e dos cuidados indispensáveis à preservação physyca e moral.*
>
> *Aos paes miseráveis assiste o direito de invocar o auxílio e proteção do Estado para a subsistência e educação da sua prole.*

Em várias parte do mundo, muitas crianças, por essa previsão, foram retiradas de seus pais.

Diferente da anterior, essa Constituição trazia a intervenção do Estado na economia muito mais clara, e não se tratava apenas do Conselho Nacional de Economia.

> *Art. 135 – Na iniciativa individual, no poder de creação, de organização e de invenção do indivíduo, exercido nos limites do bem público, funda-se a riqueza e a prosperidade nacional. A intervenção do Estado no domínio econômico só se legitima para supprir as deficiências da iniciativa individual e coordenar os factores da produção, de maneira a evitar ou resolver os seus conflictos e introduzir no jogo das competições individuaes o pensamento dos interesses da Nação, representados pelo Estado. A intervenção no domínio econômico poderá ser mediata e immediata, revestindo a forma do controle, do estimulo ou da gestão directa.*

Como era previsto na Constituição de 1917 da União Soviética, quem não trabalhava, não comia[83]. O art. 136, desenvolveu um pouco dessa ideia:

---

83. 18. A República Socialista Federativa Soviética Russa considera o trabalho como sendo um dever de todos os cidadãos da República e proclama como sua consigna: "Quem não trabalha, não come".

Art. 136 – O trabalho é um dever social. O trabalho intellectual, technico e manual tem direito a protecção e solicitude especiaes do Estado. A todos é garantido o direito de subsistir mediante o seu trabalho honesto e este, como meio de subsistência do indivíduo, constitue um bem que é dever do Estado proteger, assegurando-lhe condições favoráveis e meios de defesa.

O artigo seguinte[84] repetiria o que tinha na Constituição de 1934: a ideia de direitos sociais, direitos trabalhistas e outros assuntos que não deveriam estar na Constituição. Estavam de maneira completamente equivocada, inclusive, um erro material, pois não deveriam ter negociações trabalhistas em constituição.

---

84. Art. 137 – A legislação do trabalho observará, além de outros, os seguintes preceitos: a) os contratos coletivos de trabalho concluídos pelas associações, legalmente reconhecidas, de empregadores, trabalhadores, artistas e especialistas, serão aplicados a todos os empregados, trabalhadores, artistas e especialistas que elas representam; b) os contratos coletivos de trabalho deverão estipular obrigatoriamente a sua duração, a importância e as modalidades do salário, a disciplina interior e o horário do trabalho; c) a modalidade do salário será a mais apropriada às exigências do operário e da empresa; d) o operário terá direito ao repouso semanal aos domingos e, nos limites das exigências técnicas da empresa, aos feriados civis e religiosos, de acordo com a tradição local; e) depois de um ano de serviço ininterrupto em uma empresa de trabalho contínuo, o operário terá direito a uma licença anual remunerada; f) nas empresas de trabalho contínuo, a cessação das relações de trabalho, a que o trabalhador não haja dado motivo, e quando a lei não lhe garanta, a estabilidade no emprego, cria-lhe o direito a uma indenização proporcional aos anos de serviço; g) nas empresas de trabalho contínuo, a mudança de proprietário não rescinde o contrato de trabalho, conservando os empregados, para com o novo empregador, os direitos que tinham em relação ao antigo; h) salário mínimo, capaz de satisfazer, de acordo com as condições de cada região, as necessidades normais do trabalho; i) dia de trabalho de oito horas, que poderá ser reduzido, e somente suscetível de aumento nos casos previstos em lei; j) o trabalho à noite, a não ser nos casos em que é efetuado periodicamente por turnos, será retribuído com remuneração superior à do diurno; k) proibição de trabalho a menores de catorze anos; de trabalho noturno a menores de dezesseis, e, em indústrias insalubres, a menores de dezoito anos e a mulheres; l) assistência médica e higiênica ao trabalhador e à gestante, assegurado a esta, sem prejuízo do salário, um período de repouso antes e depois do parto; m) a instituição de seguros de velhice, de invalidez, de vida e para os casos de acidentes do trabalho; n) as associações de trabalhadores têm o dever de prestar aos seus associados auxílio ou assistência, no referente às práticas administrativas ou judiciais relativas aos seguros de acidentes do trabalho e aos seguros sociais.

Roberto Campos[85] tem vários artigos explicando como é absurdo ter previsão de negociações trabalhistas na Constituição, que passam a ser previstas em 1934, e se fortalecem em 1937[86].

O objetivo não era proteger o trabalhador, era apenas trazer a ideia de que o Estado e os trabalhadores estavam trabalhando juntos – era a perspectiva de *feixe*. Reforçando, inclusive, a ideia de sindicatos, que não existiam para proteger os trabalhadores, mas sim para se ter mais um aparelho estatal para sustentar a base varguista.

No art. 139 é trazida mais uma vez a Justiça do Trabalhador, e a previsão de greve e *lock-out* como recursos antissociais, nocivos ao trabalho e ao capital e incompatíveis com os superiores interesses da produção nacional:

> *Art. 139 – Para dirimir os conflitos oriundos das relações entre empregadores e empregados, reguladas na legislação social, é instituída a Justiça do Trabalho, que será regulada em lei e à qual não se aplicam as disposições desta Constituição relativas à competência, ao recrutamento e às prerrogativas da Justiça comum.*
>
> *A greve e o lock-out são declarados recursos anti-sociais nocivos ao trabalho e ao capital e incompatíveis com os superiores interesses da produção nacional.*

Na previsão do art. 140, é trazida a ideia de que a economia será organizada em corporações, ou seja, inicia-se a ideia de Estado patrimonialista, corporativista, em que teremos os "amigos do rei" sendo beneficiados:

> *Art. 140 – A economia da producção será organisada em corporações, e estas, como entidades representativas das forças do trabalho, collocadas sob a assistência e a protecção do Estado, são órgãos deste e exercem funcções delegadas de Poder Público.*

Além disso, em um momento de aversão aos judeus, que têm fama de serem trabalhadores e, por consequência, de terem

---

85. Roberto de Oliveira Campos (1917-2001) foi um economista, professor, escritor, diplomata e político brasileiro nascido no Mato Grosso.
86. Ver os ensaios de Roberto Campos reunidos em *A Constituição contra o Brasil*. ALMEIDA, Paulo Roberto de (org.). São Paulo: LVM Editora, 2018. (N. R.)

muito dinheiro e fama de pães-duros, foi inserida na Constituição a punição pela usura[87].

Por fim, a vontade do ditador prevaleceria com ele se mantendo no poder:

> Art. 175 – O primeiro período presidencial começará na data desta Constituição. O actual Presidente da República tem renovado o seu mandato até a realização do plebiscito a que se refere o art. 187, terminando o período presidencial fixado no art. 80, si o resultado do plebiscito for favorável à constituição.

Foi um golpe dentro do golpe, aumentando seu prazo de mandato, que iria, na prática, até 1945.

Apenas três anos depois da promulgação da Constituição de 1934, foi outorgada a nova Constituição de 1937, fazendo-nos perceber o porquê de o Brasil não dar certo. Era muita insegurança, incerteza, e o que perdura até hoje. Além da nossa insegurança pública, nossa insegurança jurídica é absurdamente maior. É com a incerteza daquilo que vai acontecer amanhã, é que essas mudanças bruscas aconteceram ao longo da história do Brasil e sempre atuaram como freio.

Mudar uma Constituição é uma quebra institucional violentíssima. É mudar as regras do jogo no meio do campeonato. Não havia qualquer razão para essa nova Constituição entrar em vigor. Muito menos uma Constituição ditatorial e fascista. Inclusive algumas leis que estão em vigor até hoje foram baseadas nos princípios e valores de Vargas, que chegaram a tal ponto de trazer o ensino eugênico na Constituição de 1934 e, mais uma vez, o Brasil se calou diante disso.

O Estado Novo foi um período de grande perda da riqueza do Brasil, para beneficiar o Estado corporativista, em que corporações e federações eram ligadas às ideias intervencionistas e dirigistas, e a Constituição de 1937 foi um dos maiores regressos das ideias de liberdade que o Brasil já teve.

A lógica liberal se perdeu no tempo e no espaço.

---

87. Para mais informações sobre a questão de juros, sugiro a leitura de Eugen von Böhm-Bawerk que a analisa profundamente, e como o dinheiro tem preço.

CAPÍTULO 6

CONSTITUIÇÃO DE 1946

Não há como entrar na década de 1940 sem mencionar um dos maiores divisores de águas da história mundial: a Segunda Guerra Mundial. E engana-se quem acredita que o Brasil não teve qualquer participação. Ele mandou parte de sua tropa militar para lutar bravamente na Itália, em Monte Castelo – sendo, inclusive, elogiado por membros do Exército Americano.

Alguns dizem que foi uma continuação da primeira grande guerra, que nunca havia terminado – chamadas assim de Guerra dos Trinta Anos. Seja como for, no momento em que a Alemanha invadiu a Polônia de um lado e a União Soviética de outro, foi inaugurada, efetivamente, a Segunda Guerra Mundial. Bom lembrar que, posteriormente, a Noruega também sofreria essa invasão pelos dois países, considerados os grandes vilões da guerra. Avançando os acontecimentos, os países Aliados foram sendo derrotados, inclusive a França, ocupada pelo exército alemão, porém a Inglaterra se mantinha firme, passando a se colocar fortemente contra a Alemanha.

É interessante lembrar que Adolf Hitler buscava um alinhamento com Winston Churchill, "O Agourento", como alguns o chamavam, porém o primeiro-ministro britânico sempre se contrapôs a essa tentativa, pois não negociaria com assassinos e covardes[88].

Em 1941, Hitler invadiu a União Soviética, rompendo com o pacto anteriormente firmado entre os comunistas e os nazistas [o Molotov-Ribbentrop, já referido] e, nesse mesmo ano, o Japão realizaria o ataque a Pearl Harbor, levando os Estados Unidos a entrarem na guerra. Até esse momento a guerra estava favorável à Alemanha, que vinha vitoriosa em grande parte das batalhas travadas; exceto as aéreas contra a Inglaterra que, mesmo tendo menos aviões, tinha pilotos de guerra formidáveis.

O Dia D na Normandia foi o começo do fim da Segunda Guerra Mundial. E em 1945, após o bombardeio atômico realizado em Hiroshima e Nagasaki, pelos Estados Unidos, nos aproximamos mais ainda da finalização[89], quando a Alemanha foi dividida em duas partes: a Oriental e a Ocidental – ficando a primeira com a União Soviética e a segunda com os Aliados.

Com o fim da guerra e dos regimes fascista e nazista na Itália e Alemanha, passaram a ser criadas constituições em todo o mundo, incluindo o Brasil, que vivia um momento fascista. Inclusive as Forças Armadas convidaram Getúlio Vargas a sair do poder. Portanto, em 1946, a Constituição alemã ocidental e a japonesa foram outorgadas pelos americanos, e a brasileira foi elaborada por uma nova Assembleia Constituinte.

---

88. Recomendo alguns livros para entender essa geopolítica mundial, entre eles: *Memórias da Segunda Guerra Mundial*, de Winston Churchill, e *O Fator Churchill*, de Boris Johnson, que foi primeiro-ministro britânico. Também indico o filme *O Destino de uma Nação*.

89. Há um seriado da Amazon Prime chamado *O Homem do Castelo do Alto*, baseado na obra homônima de Philip K. Dick sobre como seria o mundo se os países Aliados tivessem perdido a Segunda Guerra Mundial.

A Constituição:

O preâmbulo começava da seguinte maneira:

A CONSTITUIÇÃO DE 1946.

Nós, os representantes do povo brasileiro, reunidos, sob a proteção de Deus, em Assembléia Constituinte para organizar um regime democrático, decretamos e promulgamos a seguinte

CONSTITUIÇÃO DOS ESTADOS UNIDOS DO BRASIL

Essa nova Constituição iria novamente trazer a República Federativa, a possibilidade de eleições diretas em todo o país, e teríamos uma grande valorização dos municípios, que passariam a ter mais autonomia. Por isso, ela é considerada descentralizadora, o que aumentaria muito o poder e a arrecadação dos municípios, deixando grande parte das resoluções ficarem a cargo desses entes. Era uma constituição municipalista.

Também trazia que a iniciativa de leis poderia vir do presidente, de qualquer membro da Câmara dos Deputados ou do Senado[90]. Até hoje esse poder de iniciativa é preservado[91], diferente de outros países em que é vetado ao presidente apresentar projetos de leis, seguindo a lógica de que o Poder Executivo apenas tem competência de executá-las.

Surgiu a Justiça Eleitoral[92], sendo criados os órgãos Tribunal Superior Eleitoral, Tribunais Regionais Eleitorais, Juntas Eleitorais e juízes eleitorais, que tinham a competência de regular todas as fases das eleições.

---

90. Art. 67. A iniciativa das leis, ressalvados os casos de competência exclusiva, cabe ao Presidente da República e a qualquer membro ou comissão da Camara dos Deputados e do Senado Federal.
91. No Brasil essa possibilidade foi preservada em praticamente todas as Constituições.
92. Art. 109. Os órgãos da Justiça Eleitoral são os seguintes:
    I. Tribunal Superior Eleitoral;
    II. Tribunais Regionais Eleitorais;
    III. Juntas Eleitorais;
    IV. Juízes Eleitorais.

Passou-se a ampliar as espécies de Tribunais Superiores especializados. Foram criados os órgãos superiores da Justiça do Trabalho[93], Tribunal Superior do Trabalho, Tribunal Regional do Trabalho, Juntas de Conciliação do Trabalho.

No caso da liberdade econômica, é importante perceber que, diferentemente das constituições de 1824 e de 1891, a Constituição de 1934 já não trazia a previsão de valorização à vida, à liberdade e à propriedade. No século XIX e início do XX vivia-se um período liberal, até ocorrer a quebra da bolsa de Nova York em 1929 e o liberalismo ser criticado, culpado por essa queda econômica. A partir de então, entendeu-se que a solução era a intervenção estatal. Portanto, tendo em vista essa maneira de pensar, a Constituição de 1934 ganhou uma base fascista, que foi fortalecida na de 1937 com o Estado Novo. E tornou-se fundamental a ideia de todos juntos, de *feixe*, passando a entender as vontades do indivíduo como ilegítimas e desnecessárias, devendo ser esquecidas sempre para priorizar o coletivo. Diante disso, o Brasil e muitos outros países caminharam para uma economia dirigista, em que o controle dos meios de produção era do Estado. Dessa forma, a Constituição de 1946 não recuou como deveria ter feito, pois, naquele momento, ainda se acreditava que a solução era a intervenção estatal, e que o controle econômico pelos políticos seria algo bom. E aos políticos interessava isso, já que lhes proporcionava mais poder e mais possibilidades de chantagem e barganha.

Pela primeira vez, infelizmente, foi trazida a noção de "bem-estar social da propriedade".

---

93. Art. 122. Os órgãos da Justiça do Trabalho são os seguintes:
    I. Tribunal Superior do Trabalho;
    II. Tribunais Regionais do Trabalho;
    III. Juntas ou juízes de conciliação e julgamento.

Art. 147 – O uso da propriedade será condicionado ao bem-estar social. A lei poderá, com observância do disposto no art. 141, § 16, promover a justa distribuição da propriedade, com igual oportunidade para todos.

Era uma Constituição que, inicialmente, tendia ao liberalismo, mas previu o "bem-estar social", além de manter situações relacionadas à Justiça do Trabalho, aos direitos sociais. Além dessas problemáticas, foi incluído o princípio antitruste[94]:

Art. 148 – A lei reprimirá toda e qualquer forma de abuso do poder econômico, inclusive as uniões ou agrupamentos de empresas individuais ou sociais, seja qual for a sua natureza, que tenham por fim dominar os mercados nacionais, eliminar a concorrência e aumentar arbitrariamente os lucros.

O art. 152 manteve os recursos naturais embaixo da terra[95] como do Estado, tal qual nas Constituições anteriores, e aumentavam os monopólios naturais. Ou seja, reiniciam as titularidades dos entes federativos em relação aos recursos naturais, trazendo, também, a necessidade de autorização e concessão para o seu aproveitamento[96]. Mais uma vez o Estado era titular de direito, o que significa que era dele a obrigação de realizar determinada atividade, ou que deveria delegar para a iniciativa privada.

---

94. Indico o trabalho do professor André Santa Cruz Ramos sobre antitruste. Ele explica como a intervenção no sentido de evitar cartéis não funciona em países que têm, de fato, livre mercado, pois o ideal é que, se não há barreira legal para o funcionamento de qualquer negócio, não se deve impor qualquer tipo de condição arbitrária.
95. Art. 152. As minas e demais riquezas do subsolo, bem como as quedas d'água, constituem propriedade distinta do solo para efeito de exploração ou aproveitamento industrial.
96. Art. 153. O aproveitamento dos recursos minerais e de energia hidráulica depende de autorização ou concessão federal na forma da lei.
§1º As autorizações ou concessões serão conferidas exclusivamente a brasileiros ou a sociedades organizadas no país, assegurada ao proprietário do solo preferência para a exploração, os direitos de preferência do proprietário do solo, quanto às minas e jazidas, serão regulados de acordo com a natureza delas.

No artigo seguinte, foi trazida a proibição da usura e todas as suas modalidades[97] – a Constituição de 1988 trouxe no art. 192, § 3º[98] os mesmos ideais, mas foram revogados e que os juros deveriam ser de 1% ao ano. É preciso entender que, na prática, quando se controlassem os juros, controlava-se também o preço, ou seja, estava sendo feito o tabelamento de preços.

Além disso, mais uma vez centralizando, será implantada a ideia de cabotagem, que sequer deveria existir em um país que tem uma fronteira marítima gigantesca. A previsão constitucional trouxe, no art. 155[99], que a navegação de cabotagem para o transporte de mercadorias era privativa dos navios nacionais, salvo nos casos de necessidade pública.

No artigo seguinte[100], foi trazido que a lei facilitaria a fixação do homem no campo, estabelecendo planos de colonização e de aproveitamento das terras públicas. O ideal era que as pessoas pudessem, voluntariamente, usucapir as terras, deixando-as livres para estabelecerem a própria definição de trabalho. Hoje, precisamos de muito menos pessoas trabalhando no campo, já que a tecnologia nos permite o aumento da produtividade.

---

97. Art. 154. A usura, em todas as suas modalidades, será punida na forma da lei.

98. Art. 192. O sistema financeiro nacional, estruturado de forma a promover o desenvolvimento equilibrado do País e a servir aos interesses da coletividade, será regulado em lei complementar, que disporá, inclusive, sobre:

§ 3º As taxas de juros reais, nelas incluídas comissões e quaisquer outras remunerações direta ou indiretamente referidas à concessão de crédito, não poderão ser superiores a doze por cento ao ano; a cobrança acima deste limite será conceituada como crime de usura, punido, em todas as suas modalidades, nos termos que a lei determinar.

99. Art. 155. A navegação de cabotagem para o transporte de mercadorias é privativa dos navios nacionais, salvo nos casos de necessidade pública.

100. Art. 156. A lei facilitará a fixação do homem no campo, estabelecendo planos de colonização e de aproveitamento das terras públicas. Para esse fim, serão preferidos os nacionais e, dentre eles, os habitantes das zonas empobrecidas e os desempregados.

Mais uma vez, como suas antecessoras, a Constituição tratou sobre negociações trabalhistas[101], que não deveriam ser previstas, pois gerou um prejuízo enorme, uma regulamentação imensa, uma grande dificuldade para empreender. Mas havia uma diferença fundamental em relação às de 1934 e 1937: a questão relativa à greve. Antes era considerada medida antissocial e, nessa nova Constituição, foi reconhecida:

> *Art. 158 – É reconhecido o direito de greve, cujo exercício a lei regulará.*

Além disso, apesar do fim da Segunda Guerra Mundial, foi novamente reforçada a ideia de xenofobia, instigando a aversão ao capital estrangeiro em empreendimentos brasileiros para "proteger"

---

101. Art. 157. A legislação do trabalho e a da previdência social obedecerão nos seguintes preceitos, além de outros que visem a melhoria da condição dos trabalhadores: I – salário mínimo capaz de satisfazer, conforme as condições de cada região, as necessidades normais do trabalhador e de sua família; II – proibição de diferença de salário para um mesmo trabalho por motivo de idade, sexo, nacionalidade ou estado civil; III – salário do trabalho noturno superior ao do diurno; IV – participação obrigatória e direta do trabalhador nos lucros da empresa, nos termos e pela forma que a lei determinar; V – duração diária do trabalho não excedente a oito horas, exceto nos casos e condições previstos em lei; VI – repouso semanal remunerado, preferentemente aos domingos e, no limite das exigências técnicas das empresas, nos feriados civis e religiosos, de acordo com a tradição local; VII – férias anuais remuneradas; VIII – higiene e segurança do trabalho; IX – proibição de trabalho a menores de quatorze anos; em indústrias insalubres, a mulheres e a menores, de dezoito anos; e de trabalho noturno a menores de dezoito anos, respeitadas, em qualquer caso, as condições estabelecidas em lei e as exceções admitidas pelo Juiz competente; X – direito da gestante a descanso antes e depois do parto, sem prejuízo do emprego nem do salário; XI – fixação das percentagens de empregados brasileiros nos serviços públicos dados em concessão e nos estabelecimentos de determinados ramos do comércio e da indústria; XII – estabilidade, na empresa ou na exploração rural, e indenização ao trabalhador despedido, nos casos e nas condições que a lei estatuir; XIII – reconhecimento das convenções coletivas de trabalho; XIV – assistência sanitária, inclusive hospitalar e médica preventiva, ao trabalhador e à gestante; XV – assistência aos desempregados; XVI – previdência, mediante contribuição da União, do empregador e do empregado, em favor da maternidade e contra as conseqüências da doença, da velhice, da invalidez e da morte; XVII – obrigatoriedade da instituição do seguro pelo empregador contra os acidentes do trabalho.

a soberania, o interesse e a segurança nacionais, sendo vedada a propriedade de empresas jornalísticas.

> Art. 160 – É vedada a propriedade de empresas jornalísticas, sejam políticas ou simplesmente noticiosas, assim como a de radiodifusão, a sociedades anônimas por ações ao portador e a estrangeiros. Nem esses, nem pessoas Jurídicas, excetuados os Partidos Políticos nacionais, poderão ser acionistas de sociedades anônimas proprietárias dessas empresas. A brasileiros (art. 129, n°s I e II) caberá, exclusivamente, a responsabilidade principal delas e a sua orientação intelectual e administrativa.

Na prática, eram políticos interessados em proteger seus poderes. Porém devemos sempre tentar flexibilizar esse tipo de previsão limitante ao livre mercado.

Outra previsão mantida até hoje foi:

> Art. 161 – A lei regulará o exercício das profissões liberais e a revalidação de diploma expedido por estabelecimento estrangeiro de ensino.

Também foi reforçado em 1946 o que já era previsto desde 1824: o ensino primário obrigatório[102]. E, novamente, de forma muito ruim, foi previsto que seria dever do Estado o amparo à cultura. O maior problema é que foi o Estado que passou a definir o que é cultura. Vejamos o art. 174:

---

102. Art. 168 – A legislação do ensino adotará os seguintes princípios: I – o ensino primário é obrigatório e só será dado na língua nacional; II – o ensino primário oficial é gratuito para todos; o ensino oficial ulterior ao primário sê-lo-á para quantos provarem falta ou insuficiência de recursos; III – as empresas industriais, comerciais e agrícolas, em que trabalhem mais de cem pessoas, são obrigadas a manter ensino primário gratuito para os seus servidores e os filhos destes; IV – as empresas industrias e comerciais são obrigadas a ministrar, em cooperação, aprendizagem aos seus trabalhadores menores, pela forma que a lei estabelecer, respeitados os direitos dos professores; V – o ensino religioso constitui disciplina dos horários das escolas oficiais, é de matrícula facultativa e será ministrado de acordo com a confissão religiosa do aluno, manifestada por ele, se for capaz, ou pelo seu representante legal ou responsável; VI – para o provimento das cátedras, no ensino secundário oficial e no superior oficial ou livre, exigir-se-á concurso de títulos e provas. Aos professores, admitidos por concurso de títulos e provas, será assegurada a vitaliciedade; VII – é garantida a liberdade de cátedra.

Art. 174 – O amparo à cultura é dever do Estado.

Parágrafo único – A lei promoverá a criação de institutos de pesquisas, de preferência junto aos estabelecimentos de ensino superior.

E, sobre as bandeiras estaduais e municipais proibidas na Constituição de 1937, a nova base constitucional trazia:

Art. 195 – São símbolos nacionais a bandeira, o hino, o selo e as armas vigorantes na data da promulgação desta Constituição. Parágrafo único – Os Estados e os Municípios podem ter símbolos próprios.

Permitindo, claramente, que estados e municípios tivessem seus próprios símbolos, já que, em 1937, o ditador Getúlio Vargas centralizou o máximo possível, havendo espaço apenas para bandeira nacional.

Quanto aos Atos das Disposições Constitucionais Transitórias, é preciso explicar que toda vez que se transita de um momento constitucional antigo para um novo, são elaborados os ADCT. É a parte final da Constituição, sendo considerados normas constitucionais. Para modificá-los, é necessário quórum constitucional também. Na Constituição de 1946, um dos pontos trazidos nos ADCT foi, mais uma vez, sobre a ideia de migrar para o Planalto Central do país a Capital Federal.

Art. 4º. A Capital da União será transferida para o planalto central do País.

Uma curiosidade é o art. 7º do ADCT que dispõe sobre o gado do Piauí:

Art. 7º – Passam à propriedade do Estado do Piauí as fazendas de gado do domínio da União, situadas no Território daquele Estado e remanescentes do confisco aos jesuítas no período colonial.

Gado numa Constituição!

O artigo seguinte deu por extintos os territórios de Iguaçu e Ponta Porã, cujas áreas voltaram aos estados de onde foram desmembrados. E no art. 9º, o Acre passava a ser considerado estado.

O Brasil de 1946 a 1964:

Em 1946, Getúlio Vargas saiu do poder e novas eleições foram realizadas. Em 1951, ele voltou ao poder eleito "nos braços do povo", chamado "pai dos pobres". Nesse novo mandato, ele se utilizou ainda mais do poder, mas durou pouco. Em 1954, Getúlio cometeu suicídio para "entrar para história do país" – como escreveu em sua carta de despedida.

Após esse momento, Juscelino Kubistchek, político mineiro habilidoso, assume o poder e começa seu plano de expansão monetária. Quebra o país e gera uma inflação absurda. Em meio a isso, constrói Brasília e deixa o poder em 1960, quando Jânio Quadros (1917-1992) assume como presidente do Brasil.

Jânio foi eleito com um discurso bem característico contra a corrupção; seu *jingle* era "Varre, Varre, Vassourinha"[103], que era a ideia de limpar a corrupção de Brasília, da União Federal. Apesar de estar na política há muitos anos, tinha um discurso contrário ao *establishment* de não conversar com o parlamento. Então, Jânio renuncia, achando que posteriormente seria reeleito, mas quem assumiu foi seu vice João Goulart (1919-1976), chamado de Jango, que era ligado ao Partido Democrático – PTB, por sua vez ligado a Leonel Brizola (1922-2004), com uma base forte dos trabalhadores.

Por João Goulart ter demonstrado aproximação com o regime comunista chinês, em 2 de setembro de 1961 foi elaborada uma emenda constitucional que instituía o parlamentarismo no Brasil para diminuir o poder do presidente. Vale lembrar que era a segunda experiência parlamentarista; a primeira havia ocorrido durante a monarquia. O parlamentarismo durou dois anos. Nesse período, o presidente da República poderia exercer seu poder como chefe de Estado durante seu mandato de cinco anos, mas seria eleito pelo Congresso Nacional.

---

103. Foi o *jingle* da campanha de Jânio Quadros, composto por Maugeri Neto e Fernando Azevedo de Almeida.

Art. 1º O Poder Executivo é exercido pelo Presidente da República e pelo Conselho de Ministros, cabendo a êste a direção e a responsabilidade da política do govêrno, assim como da administração federal.

Art. 2º O Presidente da República será eleito pelo Congresso Nacional por maioria absoluta de votos, e exercerá o cargo por cinco anos.

Foi estabelecido que a organização do sistema parlamentar seria instituída mediante leis votadas nas duas casas do Congresso Nacional. Alguns ainda hoje defendem essa ideia para o momento em que estamos vivendo, mas isso seria um golpe, do mesmo modo que foi um golpe em 1961, já que João Goulart tinha sido eleito em um sistema presidencialista. Se fosse para mudar o regime, que fosse para o próximo mandato, e não no meio de um.

O sistema parlamentarista vigorou até 23 de janeiro de 1963, sendo rapidamente finalizado, já que o povo não tinha gostado das novas normas. Portanto, o sistema presidencialista voltou a ser estabelecido, João Goulart voltou a ter o poder que perdeu em 1961. Nesse ínterim, começou a sinalizar a aproximação com a China comunista de Mao Tsé-Tung (1893-1976) que, como todo regime comunista, matou muita gente e, quando isso acontece, suscita um desespero nas Forças Armadas.

Em 31 de março de 1964, João Goulart estava no poder, em Brasília, uma cidade arquitetada para ser o centro representativo do país, com vários dispositivos de segurança para fechá-la, a fim de evitar que fosse invadida. Brasília, inclusive, tem a base militar do Estado Brasileiro, o Comando Maior, que se localiza entre o setor Noroeste e o setor Sudoeste, mas, mesmo assim, chegaram as tropas que vinham de Minas Gerais e passaram por São Paulo em direção a Brasília. Quando isso aconteceu, o presidente fugiu, juntamente da sua tropa. Em 1º de abril, houve o Golpe Militar, ocorrendo, a partir daí, um cerceamento de liberdades.

CAPÍTULO 7

CONSTITUIÇÃO DE 1967

A Constituição de 1967 inauguraria a chamada ditadura envergonhada, que se fortalecerá em 1969, tornando-se a ditadura escancarada[104].

Foi golpe atrás de golpe para chegar a esse golpe militar, fazendo parte da tônica do Brasil República. Após o golpe que pôs fim à monarquia em 1889, em seguida houve o golpe de Floriano Peixoto para se tornar presidente em 1891. Vice de Deodoro, Floriano assumiu o poder haja vista a Constituição da República ter previsto que, em caso de morte do presidente nos dois primeiros anos de mandato, deveriam ser convocadas novas eleições. Em 1930, depois da República do Café com Leite, Getúlio Vargas deu o terceiro golpe no Brasil. E sete anos depois, após a Revolução Constitucionalista de São Paulo em 1932, convocar uma Assembleia Constituinte e promulgar em 1934 uma nova constituição, Getúlio deu o seu segundo golpe e outorgou a Constituição de 1937.

---

104. A coleção de Elio Gaspari sobre o período militar compreende cinco volumes: *A Ditadura Envergonhada, A Ditadura Escancarada, A Ditadura Derrotada, A Ditadura Encurralada* e *A Ditadura Acabada*. Para a abordagem deste trabalho, indico particularmente a leitura dos dois primeiros.

Ditadura de Direita x Ditadura de Esquerda:

Após a Segunda Guerra Mundial, o mundo passou a girar no ritmo da tensão entre a União Soviética e os Estados Unidos. Importante lembrar que, inicialmente, a União Soviética, a Inglaterra e os Estados Unidos eram os três países Aliados que se reuniram para contrapor o chamado Eixo do Mal, grupo formado por Itália, Alemanha e Japão. No entanto, ao final da Segunda Guerra, Winston Churchill mencionou que, se fosse para brigar contra Hitler, ele se aliaria até ao demônio, e que a Inglaterra deveria se aliar aos Estados Unidos para lutar contra a União Soviética. No entanto, como o mundo inteiro já estava cansado dos longos anos de batalha, não foi possível concretizar esse desejo de Churchill, que, em razão desse cansaço, perdeu as eleições na década de 1940. Quando acabou a guerra, a Cortina de Ferro que cobria todo o leste europeu, da Polônia até a Rússia, onde se tinha um controle total pela União Soviética, estava caindo. Foi quando os dois polos despontaram no mundo: o polo comunista, da União Soviética, e o polo capitalista, dos Estados Unidos, que disputavam a zona de influência ao redor do mundo. No Brasil, era um momento decisivo também.

Em 1937, portanto, havia a ameaça comunista, usada como justificativa para a Constituição Polaca, intervencionista, ditatorial e fascista. E a mesma ameaça seria usada como justificativa em 1964 pelo Exército. Preocupado com o momento político e querendo exercer o papel político, mais uma vez, como fez em 1889 com o Golpe da República e em 1930 e 1937 apoiando Getúlio Vargas, toma o poder. Só que dessa vez, o exerce diretamente como protagonista. Salvo a República Velha, era a primeira vez que os generais iriam assumir o comando dos estados e a Força Maior de forma direta. E, diferentemente da ditadura de Getúlio Vargas, em que só ele figurava como o governante, durante a ditadura militar, vários protagonizaram esse papel – esse é um dos motivos pelos quais quem gosta de apoiar esse período afirma que não houve ditadura, já que houve a troca de presidentes, no entanto sabemos que isso não procede.

Foi instalada uma ditadura para prevenir uma ditadura de esquerda[105].

Fernando Gabeira[106], que já foi integrante do Partido dos Trabalhadores (PT) e do Partido Verde (PV), explicou que havia uma corrida para ver quem chegaria ao poder primeiro, só não se sabia se seria uma ditadura de esquerda ou uma ditadura de direita. Inclusive, sobre a ditadura militar de 1964 do Brasil, mesmo quem lutava contra os militares, como ele, não queria uma democracia na verdade, também lutava por uma imposição ditatorial, só que do proletariado.

Ou seja, a tensão não era entre uma democracia e uma ditadura. Eram duas ditaduras brigando para saber quem chegaria antes ao poder.

Ditadura Envergonhada:

Após o golpe de 1964, o primeiro militar a assumir o poder foi o cearense marechal Castelo Branco (1897-1967). Considerado muito inteligente por Roberto Campos, pretendia fazer reformas, além de acabar com a ameaça comunista que persistia. Durante o seu governo, um grupo de juristas foi formado. Em 1967, Castelo Branco apresentou uma nova constituição, juntamente dos liberais – "liberais *pero no mucho*" –, como o próprio Roberto Campos. Naquela época, inclusive, não era tão liberal quanto se tornaria depois, quando chegaria a dizer que deveria ter lido mais Hayek, pois teria aprendido muito mais. Esse projeto de constituição viria a ser aprovado em Assembleia

---

105. Nesse contexto, em 1964, em que houve o golpe de Estado, surgiu uma síndrome de Estocolmo, em que as pessoas abraçavam a ideia da ditadura e passaram a se manifestar no sentido de que precisava mesmo daquilo para acabar com a ameaça comunista. É importante entender que havia uma discussão mundial acerca das duas zonas de influência: comunismo e capitalismo. Havia a Guerra do Vietnã e toda uma tensão sobre uma eventual guerra nuclear, a Terceira Guerra Mundial, inclusive entre Estados Unidos e Cuba, que tinha acabado de ter a sua revolução.
106. Fernando Paulo Nagle Gabeira é um jornalista, escritor e político brasileiro nascido em 1941 em Juiz de Fora, Minas Gerais.

Constituinte. É importante lembrar que o Congresso Nacional continuava aberto e votou favoravelmente por essa constituinte. Sendo assim, foram realizadas várias reformas que davam margem ao aumento do Poder Executivo, porém ainda não se mostrava uma constituição totalitária, nem cerceava direitos individuais – coisa que seria feita com os Atos Institucionais posteriormente elaborados.

O preambulo da Constituição de 1967 começa:

O Congresso Nacional, invocando a proteção de Deus, decreta e promulga a seguinte CONSTITUIÇÃO DA REPÚBLICA FEDERATIVA DO BRASIL.

Determinava o regime de República Federativa, constituída sob o regime representativo, pela união indissolúvel dos estados, do Distrito Federal e dos territórios.

Art. 1º. O Brasil é uma República Federativa, constituída, sob o regime representativo, pela união indissolúvel dos Estados, do Distrito Federal e dos Territórios.

É importante destacar que, diferente da de 1946, bastante municipalista, não trazia os municípios como entes indissolúveis do Estado, pois tinha uma característica bem mais estadual e distrital. Mas assegurava a autonomia municipal[107]:

Art. 15. A autonomia municipal será assegurada:
I. pela eleição direta de Prefeito, Vice-Prefeito e vereadores realizada simultâneamente em todo o País, em data diferente das eleições gerais para senadores, deputados federais e deputados estaduais;

---

107. Em termos de municípios, atualmente há uma centralização no país, que deixa nas mãos do legislador federal o poder de definir como será organizada a cidade de Santa Maria, no Rio Grande do Sul, e a de Pindoretama, no Ceará. Uma diferença entre a formação dos municípios americanos para os municípios brasileiros é que lá o município pode falir, ou cem cidadãos podem se reunir e formar um município, sem a necessidade de um prefeito ou vice-prefeito. Aqui no Brasil, um "burocrata genial" achou em Brasília alguém conseguiria definir como funcionariam os mais de 5.400 municípios brasileiros, que já se inauguram quebrados, pois precisam pagar prefeito e vice-prefeito.

II. pela administração própria, no que respeite ao seu peculiar interêsse, especialmente quanto:

Uma novidade trazida nessa Constituição de 1967 foi a ideia de Região Metropolitana. Nós temos a de São Paulo, por exemplo, que é chamada ABC Paulista, temos a de Fortaleza, que é Maracanaú e Aquiraz, que, em tese, tem uma integração maior.

O art. 40[108] determinava que os ministros de Estado eram obrigados a comparecer perante a Câmara dos Deputados e o Senado Federal, ou a qualquer de suas Comissões, quando uma ou outra Câmara o convocar para, pessoalmente, prestar informações acerca de assuntos previamente determinados. Esta foi uma inovação importante: obrigar um ministro a dar explicações. Até hoje, os ministros podem ser convocados ou convidados, de acordo com a vontade do parlamento. Se um ministro deixar de comparecer, poderá sofrer *impeachment* por não ter cumprido a ordem constitucional. Para um governo, é considerada uma derrota quando se tem um ministro convocado, já que é uma obrigação a ser cumprida.

Sobre o processo legislativo, essa Constituição tinha a mesma lógica da nossa atual de 1988. Compreendia a elaboração de emendas, leis complementares, leis ordinárias, leis delegadas, decretos-leis, decretos legislativos e resoluções. As Emendas à Constituição necessitam de um procedimento mais delimitado, um quórum mais alto; as Leis Complementares precisam de maioria absoluta – ou seja, 257 votos; as Leis Ordinárias precisam de maioria simples para serem aprovadas; as Leis-Delegadas eram normas delegadas para algum ente elaborar, no entanto, não existem mais; os Decretos-Leis eram uma forma de o presidente elaborar leis, algo semelhante à Medida Provisória, só que sem previsão de prazo de finalização, e também não

---

108. Art. 40. Os ministros de Estado são obrigados a comparecer perante a Câmara dos Deputados e o Senado Federal ou qualquer de suas Comissões, quando uma ou outra Câmara os convocar para, pessoalmente, prestar informações acêrca de assunto prèviamente determinado.

existem mais; os Decretos Legislativos eram utilizados para revogar decisões do Executivo que extrapolavam sua órbita de competência; e, por fim, as Resoluções eram normas de funcionamento do dia a dia do Congresso Nacional.

Um ponto de grande mudança foram as eleições. Tornaram-se indiretas, tendo o povo perdido o direito de sufrágio universal. Antes disso, era possível eleger o presidente de um partido e seu vice de outro partido. Por exemplo, poderíamos ter, de acordo com essa norma antiga, Jair Bolsonaro como presidente e Manoela D'Ávila como sua vice. Como as eleições passaram a ser indiretas, tínhamos um Colégio Eleitoral previsto no art. 76[109], que era composto pelos membros do Congresso Nacional e por delegados indicados pelo Estado. Cada Assembleia Legislativa indicava três delegados e, a cada 500 mil eleitores nos Estados, poderiam nomear mais um. A composição desse Colégio Eleitoral era feita por lei[110], e isso foi se restringindo cada vez mais, a tal ponto que foram eleitos pelas Forças Armadas na sequência.

Ainda dentro dessa organização, veio a situação de diminuição dos partidos políticos. Eles ainda não tinham sido extintos, mas foram reduzidos. O art. 149 dizia que a organização, o funcionamento e a extinção dos partidos seriam regulados em lei federal, observados o regime representativo, democrático, baseado na pluralidade dos partidos e na garantia dos direitos fundamentais do homem.

> *Art. 149. A organização, o funcionamento e a extinção dos partidos serão regulados em lei federal, observados os seguintes princípios:*
> *I – Regime representativo, democrático, baseado na pluralidade dos partidos e na garantia dos direitos fundamentais do homem.*

---

109. Art. 76. O Presidente será eleito pelo sufrágio de um colégio eleitoral, em sessão pública e mediante votação nominal.
§1º. O colégio eleitoral será composto dos membros do Congresso Nacional e de delegados indicados pelas Assembleias Legislativas dos Estados.
110. §3º. A composição e o funcionamento do colégio eleitoral serão regulados em lei complementar.

Muitos ficam curiosos como esse texto legal foi inserido na Constituição por um ditador. Vale lembrar que de 1964 até 1968 tínhamos uma ditadura envergonhada, que parecia ter algum respeito pelo povo, mas, após o Ato Institucional nº 5, ela se escancarou de vez e começou a destruição de toda nossa base institucional.

Outro ponto de aparente contrassenso é que ela assegurava o direito à liberdade de expressão. O art. 150, § 8º apresentava:

Art. 150. A Constituição assegura aos brasileiros e aos estrangeiros residentes no País a inviolabilidade dos direitos concernentes à vida, à liberdade, à segurança e à propriedade, nos termos seguintes:

§ 8º. É livre a manifestação de pensamento, de convicção política ou filosófica e a prestação de informação sem sujeição à censura, salvo quanto a espetáculos de diversões públicas, respondendo cada um, nos termos da lei, pelos abusos que cometer. É assegurado o direito de resposta. A publicação de livros, jornais e periódicos independe de licença da autoridade. Não será, porém, tolerada a propaganda de guerra, de subversão da ordem ou de preconceitos de raça ou de classe.

Nesse momento inicial, ainda não havia censura nem restrição. Na verdade, havia a ideia de liberdade de pensamento e um interesse claro na devolução do poder. O marechal Castelo Branco chegou, inclusive, a se manifestar sobre isso. Além disso, é possível se reunir sem armas, prevendo, a lei, os casos em que seria necessária informação prévia[111]. Depois, o direito de reunião seria completamente cassado, assim como a liberdade de associação[112], que era também garantida e não podia ser dissolvida, senão em virtude de decisão judicial.

---

111. § 27. Todos podem reunir-se sem armas, não intervindo a autoridade senão para manter a ordem. A lei poderá determinar os casos em que será necessária a comunicação prévia à autoridade, bem como a designação, por esta, do local da reunião.
112. § 28. É garantida a liberdade de associação. Nenhuma associação poderá ser dissolvida, senão em virtude de decisão judicial.

A Constituição também trouxe a liberdade de trabalho[113], como se pode ver no § 23 do art. 170. A liberdade econômica também surgiu nessa Constituição com força, inicialmente, no art. 157:

> Art. 157. *A ordem econômica tem por fim realizar a justiça social, com base nos seguintes princípios:*
> *I. liberdade de iniciativa;*
> *II. valorização do trabalho como condição da dignidade humana;*
> *III. função social da propriedade;*
> *IV. harmonia e solidariedade entre os fatores de produção;*
> *V. desenvolvimento econômico;*
> *VI. repressão ao abuso do poder econômico, caracterizado pelo domínio dos mercados, a eliminação da concorrência e o aumento arbitrário dos lucros.*

Observando o *caput* do artigo e o termo "tem por fim realizar a justiça social", lembro que Hayek falava de "palavras doninhas". Doninha[114] é um animal onívoro e, quando ele vai comer um ovo, retira habilidosamente todo o seu conteúdo e deixa a casca intacta; assim, vemos o ovo inteiro, mas se o quebrarmos, não resta nada em seu interior. Hayek se refere a essas "palavras sociais" como, por exemplo, função social da propriedade, justiça social, interesse social como "palavras doninhas"[115], que esvaziam de conteúdo qualquer significado, deixando-a intacta. Pela primeira vez vimos, no inciso III, ser usada a "função social da propriedade" e a "repressão ao abuso do poder econômico", no inciso VI, que foi a ideia de antitruste e da eliminação da concorrência.

---

113. § 23. É livre o exercício de qualquer trabalho, ofício ou profissão, observadas as condições de capacidade que a lei estabelecer.
114. Doninha, conhecida cientificamente como Mustela, é do gênero de mamíferos da família *Mustelidae*.
115. "A doninha tem por hábito alimentar-se de ovos, introduzindo um mínimo orifício na casca do ovo e esvaziando seu conteúdo sem deixar vestígios. Assim, numa analogia interessante de cunho linguístico, as palavras 'doninhas' esvaziam de conteúdo qualquer significado, deixando-o intacto". XAVIER, Dennys. *F. A. Hayek e a ingenuidade da mente socialista* – Breves Lições. São Paulo: LVM Editora, 2019.

A Constituição discutiu o tabelamento de preços e seu controle. A previsão era de que a lei iria dispor sobre as características dos títulos, a taxa de juros, o prazo e as condições de resgate. Ela também trouxe que não será permitida greve nos serviços públicos e atividades essenciais, e isso demonstra a mesma base das constituições fascistas de 1934 e de 1937, mas, nas duas anteriores, não era permitida greve por ter finalidade antissocial. Hoje, há uma decisão do Supremo Tribunal Federal no sentido de que 30% das atividades devem funcionar se desempenharem serviço essencial, porém não foi regulamentado o direito de greve no serviço público.

Sobre domínio econômico e monopólio, seriam facultadas mediante lei da União, quando fosse indispensável por motivos de segurança nacional.

> *Art. 163. São facultados a intervenção no domínio econômico e o monopólio de determinada indústria ou atividade, mediante lei federal, quando indispensável por motivo de segurança nacional ou para organizar setor que não possa ser desenvolvido com eficácia no regime de competição e de liberdade de iniciativa, assegurados os direitos e garantias individuais.*

Quando Geisel[116] assumiu o poder e fortaleceu a ditadura, a liberdade econômica foi fortemente suprimida. Na Emenda Constitucional de 1969, Geisel criou os "Campeões Nacionais"[117] empresas favorecidas pelo governo que deveriam ser líderes de setores empresariais.

Ainda assim, um dos momentos que o Estado mais cresceu no Brasil foi na época das ditaduras, fosse a Ditadura de Vargas, fosse a Ditadura Militar. Alguns apoiadores dessa última costumam dizer que foi um regime liberal, mas, pelo contrário, foi um período extremamente estatizante. Para atender à intervenção no domínio

---

116. Ernesto Geisel (1907-1996) foi militar e presidente entre os anos de 1974 e 1979.

117. É curioso lembrar que na época do governo Dilma também foram feitos os "Campeões Nacionais".

econômico, o § 9º[118] trava o parágrafo anterior com a proposta de que a União poderia instituir contribuições destinadas ao custeio dos respectivos serviços e encargos, na forma que a lei estabelecer.

Outro detalhe é a respeito do que era supérfluo ou não. O § 11[119] colocava que a produção de bens supérfluos seria limitada por empresa, proibida a participação de pessoa física em mais de uma empresa, ou de uma em outra, nos termos da lei. Essa foi uma intervenção absurda no domínio privado. É exatamente por isso que o Brasil não dá certo, por termos intervenções atrás de intervenções, em praticamente todas as constituições.

O art. 158 repetiu as mesmas atrocidades das Constituições de 1934, 1937 e 1946, que é criar situações de negociações de trabalho e trazer isso para a Constituição, inclusive implantando o salário mínimo, que é uma invenção racista e sexista, como vimos, e foi inspirado na Constituição do México de 1919.

Essa constituição também trouxe a ideia de estabilidade, criada por Roberto Campos – que depois viria a se arrepender. Dispõe o art. 165, XIII, que fica assegurado ao empregado a estabilidade, com indenização ao trabalhador despedido ou fundo de garantia equivalente.

> *Art. 165. A Constituição assegura aos trabalhadores os seguintes direitos, além de outros que, nos têrmos da lei, visem à melhoria de sua condição social:*
> *XIII. estabilidade, com indenização ao trabalhador despedido ou fundo de garantia equivalente;*

Antigamente, trabalhadores que tinham 10 anos de profissão, passavam a ser estáveis e, após a estabilidade, o nível de produtividade

---

118. § 9º. Para atender à intervenção no domínio econômico, de que trata o parágrafo anterior, poderá a União instituir contribuições destinadas ao custeio dos respectivos serviços e encargos, na forma que a lei estabelecer.
119. § 11. A produção de bens supérfluos será limitada por empresa, proibida a participação de pessoa física em mais de uma empresa ou de uma em outra, nos termos da lei.

deles despencava, já que não estavam mais preocupados em serem demitidos. Então, a sacada do Campos foi criar o Fundo de Garantia do Tempo e Serviço[120] para que se estabelecesse uma forma de indenização aos trabalhadores demitidos, assim, não precisaria mais ser assegurada uma estabilidade permanente. O FGTS, porém, tornou-se um monstro que é usado, quase em sua totalidade, para subsidiar a construção civil. Ou seja, na prática, esse fundo é utilizado para emprestar dinheiro a baixos juros para a construção civil.

A Constituição também trazia a ideia de associação profissional ou sindical e, no art. 159, era obrigatório o voto nas eleições sindicais[121], já se inspirando na Constituição da época de Getúlio Vargas.

No art. 167[122] havia algo que nunca deveria ter sido previsto: o direito de família – que é um direito eminentemente privado. As constituições foram criadas para limitar o poder do governante, e não para limitar o poder das pessoas. Assim, no mencionado artigo, era previsto que a família era constituída pelo casamento e teria direito à proteção dos poderes públicos, e que era indissolúvel. Portanto, de forma muito equivocada, foi previsto que não havia possibilidade para o divórcio, característica de matrimônios religiosos, o que não deveria interferir no Estado. Durante esse período, inclusive, a mulher casada era considerada relativamente incapaz[123], e o seu marido deveria acompanhá-la para que ela fizesse transações contratuais.

---

120. Campos se arrepende de várias coisas que criou e que viraram monstros, sendo uma dessas o FGTS – Fundo de Garantia do Tempo de Serviço.
121. Art. 159. É livre a associação profissional ou sindical e sua constituição, a representação legal nas convenções coletivas de trabalho e o exercício de funções delegadas de poder público serão regulados em lei.
§ 2º. É obrigatório o voto nas eleições sindicais.
122. Art. 167. A família é constituída pelo casamento e terá direito à proteção dos Podêres Públicos.
§ 1º. O casamento é indissolúvel.
123. Lembrando que existem os absolutamente incapazes, que são unicamente os menores de 16 anos de idade, os relativamente incapazes, que estão entre os 16 anos e os 18 anos, e os capazes, que são os maiores de 18 anos.

Já no art. 168[124], era repetido que a educação é um direito de todos, que será dada no lar e na escola. Essa foi uma previsão interessante para quem gosta de *homeschooling*, já que deixava claro que a educação poderia ser dada em casa ou na escola, assegurada a igualdade de oportunidade, e deveria inspirar-se no princípio da unidade nacional e nos ideais de liberdade e de solidariedade humana. Na atual Constituição não é trazida a previsão de *homeschooling* expressamente, apesar de no período de pandemia da covid-19[125] ter se tornado uma possibilidade.

Ainda sobre a educação, o § 1º[126] dizia que o ensino seria ministrado nos diferentes graus pelos poderes públicos, reafirmando o que era trazido desde a Constituição de 1824, que o ensino primário seria obrigatório e gratuito. Também foi fortalecida a ideia do ensino religioso[127], o que era um contrassenso diante da garantia da liberdade de cátedra[128]. Para entender o porquê disso, porém, é preciso lembrar-se da disputa com os comunistas que estava ocorrendo e que era preciso ensinar as crianças sobre os princípios cristãos para combater os ideais comunistas.

No art. 173, ficam aprovados e excluídos de apreciação judicial os atos praticados pelo Comando Supremo da Revolução de 31 de março de 1964.

---

124. Art. 168. A educação é direito de todos e será dada no lar e na escola; assegurada a igualdade de oportunidade, deve inspirar-se no princípio da unidade nacional e nos ideais de liberdade e de solidariedade.
125. Alguns dizem que o período de pandemia gerou o fim do liberalismo, mas, pelo contrário, todas as medidas que fizeram para melhorar as condições da população foram, exatamente, no sentido de desburocratizar e desregulamentar, facilitando, por exemplo, a produção de álcool em gel e sua distribuição, a telemedicina, o ensino a distância, etc.
126. § 1º – O ensino será ministrado nos diferentes graus pelos Poderes Públicos.
127. IV – o ensino religioso, de matrícula facultativa, constituirá disciplina dos horários normais das escolas oficiais de grau primário e médio.
128. VI – é garantida a liberdade de cátedra.

Art. 173. Ficam aprovados e excluídos de apreciação judicial os atos praticados pelo Comando Supremo da Revolução de 31 de março de 1964, assim como:

I. pelo Governo federal, com base nos Atos Institucionais nº 1, de 9 de abril de 1964; nº 2, de 27 de outubro de 1965; nº 3, de 5 de fevereiro de 1966; e nº 4, de 6 de dezembro de 1966, e nos Atos Complementares dos mesmos Atos Institucionais;

II. as resoluções das Assembléias Legislativas e Câmaras de Vereadores que hajam cassado mandatos eletivos ou declarado o impedimento de Governadores, Deputados, Prefeitos e Vereadores, fundados nos referidos Atos institucionais;

III. os atos de natureza legislativa expedidos com base nos Atos Institucionais e Complementares referidos no item I;

IV. as correções que, até 27 de outubro de 1965, hajam incidido, em decorrência da desvalorização da moeda e elevação do custo de vida, sobre vencimentos, ajuda de custo e subsídios de componentes de qualquer dos Poderes da República.

No art. 181[129] foi extinto o Conselho Nacional de Economia, restando a disponibilidade de seus membros. Importante explicar que quando o Estado extingue um órgão, as pessoas que lá trabalhavam, ficam "à disposição", recebendo o salário, até ele poder ser realocado.

A Constituição de 1967 não bastou. E, em 17 de outubro de 1969, foi criada a Emenda Constitucional número 1, instalando-se a ditadura escancarada, perda dos direitos políticos, fim dos direitos individuais, inexistindo o *habeas corpus*, em que grandes advogados trabalharam para manter muitas pessoas que discordavam da ditadura e que defendiam a liberdade de expressão livres.

---

129. Art. 181. Fica extinto o Conselho Nacional de Economia. Seus membros ficarão em disponibilidade até o término dos respectivos mandatos, e seus funcionários e servidores serão aproveitados.

CAPÍTULO 8

EMENDA CONSTITUCIONAL DE 1969

O ano de 1968 foi considerado o "ano que não acabou". Um ano de liberação sexual, liberação de ideais, de *rock and roll*, que aconteceu, principalmente nos Estados Unidos e Inglaterra, com a revolução cultural dos Beatles, e refletida no Brasil. Vivia-se a Tropicália, em que era "proibido proibir" – parte de uma música de Caetano Veloso –, no entanto toda essa perspectiva acabou em razão de uma forte repressão militar.

Adveio um dos momentos mais trágicos do país: a ditadura escancarada.

Enquanto em vários países acontecia a libertação, o Brasil e a China começavam a restringir e controlar a população, censurando a liberdade de expressão e prejudicando, arbitrariamente, muitas pessoas, fazendo o Estado crescer cada vez mais, assim como havia acontecido de 1937 a 1945 no regime Vargas. Nessa ditadura, todos os direitos políticos, individuais e de *habeas corpus* foram retirados. Inclusive Sobral Pinto (1893-1991)[130], um jurista conservador brasileiro, impetrou inúmeros *habeas corpus* para manter pessoas, contrárias à ditadura, livres. Passou-se a ter uma forte interferência do Poder Executivo da União nos outros poderes e na vida das pessoas em geral, limitando suas liberdades.

---

130. Há um livro muito interessante sobre essas histórias juristas desse tempo do Pedro Paulo Filho, chamado *Grandes Advogados, Grandes Julgamentos – No juri e noutros tribunais*. Leme, SP: JH Mizuno, 2015 – 4ª ed.

Esse novo regime de exceção foi implantado, portanto, através de mais de duzentos artigos na Constituição de 1969, imposta em 17 de outubro. Ela retirava toda a base de direitos individuais, de direitos humanos, de garantias individuais e de *habeas corpus*. Por outro lado, era criado um momento político de "campeões nacionais", de estatização da economia, de grandes obras, da ideia de que o Estado é a solução de todos os problemas, quando, na realidade, com a interferência estatal, passa-se a aumentar a inflação e surgem muitos casos de corrupção que não foram divulgados, até porque a imprensa era limitada.

Dentro desse contexto, ficaram também limitadas as pessoas, que passaram a agir apenas com permissão do Estado. Tudo que era falado ou publicado era controlado, inclusive músicas e novelas. O músico Raul Seixas (1945-1989), por exemplo, teve várias de suas músicas censuradas. Alguns poderão dizer que isso foi necessário, mas não foi. O mundo inteiro conviveu com a divergência de pensamento, o medo da invasão comunista, mas respeitaram suas instituições. Mudar as constituições, como ocorreu no Brasil, demonstra nossa fragilidade e leva, para na nossa última Constituição, que é a de 1988, vários problemas.

A Constituição de 1969 foi elaborada com base militar, sendo Francisco Campos (1891-1968) um de seus autores. Inicialmente foi apresentada como uma Emenda Constitucional, mas foi entendida, à época, como uma nova Carta Magna para se adequar aos novos tempos.

Enquanto a Constituição americana se adaptava a todos os momentos históricos, a brasileira precisava se adequar a todo novo momento, o que demonstra nossa fragilidade institucional e jurídica. A cada pequena mudança histórica, tivemos sempre golpistas, alguém querendo tomar o poder. Golpe atrás de golpe; Constituição atrás de Constituição.

Essa Constituição vigorou de 1969 até 1988, quase 20 anos, quase o período que o estado de exceção se manteve. No fim da década de 1980, com a chegada de João Figueiredo (1918-1999)[131], último presidente do regime militar, que disse que gostava mais de cavalo do que de gente, pediu para as pessoas o esquecerem – o que, de fato, foi feito, e começamos a ter uma reabertura. Foi quando surgiu a Lei de Anistia, que, tanto os crimes praticados pelas Forças Armadas como os crimes cometidos pelos opositores, que também assassinaram muita gente, foram anistiados. Os números absolutos de mortes foram pequenos, o que não diminui a reprovabilidade de uma ditadura.

Em 1985 foi convocada uma Assembleia Constituinte e em 1988 foi apresentada a nossa atual Constituição Federal. Infelizmente, em reação à ditadura, muitas pessoas de esquerda integraram a Comissão de Notáveis, presidida por Afonso Arinos (1905-1990), para elaboração da nossa próxima Constituição em 1986, três anos antes da queda do muro de Berlim.

Em termos comparativos, as piores constituições, sem dúvidas, foram as de 1969 e de 1937, ambas constituições de exceção. Quebraram o pacto institucional, a lógica hayekiana de dizer que as instituições deveriam funcionar no sentido de preservar a vida, a liberdade e a propriedade. Bruno Leoni e Hayek chamavam isso de "liberdade dentro da lei". Para entender a lógica de regimes totalitários e sua diferença para os não totalitários: no primeiro, você só pode fazer aquilo que a lei autoriza. É parecido com o servidor público que só pode fazer aquilo autorizado por lei, já a quem não é servidor, pode-se fazer tudo aquilo que a lei não proíbe. É o que Bruno Leoni fala no livro *Liberdade e a Lei*, Hayek, no *The Constitution of Liberty* e Mises (1881-1973), no *Bureaucracy*, que é a liberdade dentro da lei.

---

131. João Baptista de Oliveira Figueiredo foi o 30º Presidente do Brasil, de 1979 a 1985, e o último presidente do período da ditadura militar.

CAPÍTULO 9

CONSTITUIÇÃO DE 1988

No final dos anos 1970, o presidente Ernesto Geisel (1907-1996) e seu parceiro de inteligência militar, Golbery do Couto e Silva (1911-1987), iniciaram uma reabertura política no Brasil – porém não fizeram também uma reabertura econômica, o que nos prejudicou bastante –, e que continuou durante o governo Figueiredo e culminou nas "Diretas Já"[132]. Era a proposta de uma emenda para que fossem convocadas eleições diretas para presidente da República, porém, no último momento, essa emenda não foi aprovada e, de forma indireta, foi eleito Tancredo Neves (1910-1985), de Minas Gerais.

Tancredo já havia sido primeiro-ministro nos anos de 1961 a 1963, e foi eleito para assumir o cargo de presidente. Em 1985, antes de tomar posse, veio a falecer. Então, José Sarney, o seu vice, que não se via com legitimidade para assumir o poder, assume e, como compromisso de campanha, convoca a Assembleia Constituinte.

Enquanto isso, Sarney elaborou um "Plano Cruzado", em que tabelou os preços, parecendo uma situação de pujança no primeiro mês, no entanto, depois, foi uma completa desgraça, de desabastecimento, de muita intervenção, quase socialista. É importante explicar que, naquele momento histórico, a ameaça comunista terminava; apesar de, ainda em 1986, três anos antes da queda do muro de

---

132. As "Diretas Já" foi um movimento político teoricamente suprapartidário, conforme alegado por seu líder, o então deputado federal Ulysses Guimarães, do antigo PMDB, que surgiu em maio de 1983, no final do governo Figueiredo, que exigia eleições diretas para o Executivo federal, suspensas desde 1965, cujo ponto alto foram as enormes manifestações populares, as maiores já verificadas até então. (N. R.)

Berlim, se acreditar que esse regime era benéfico para a sociedade – os crimes da União Soviética só vieram a ser reconhecidos em 1991, o que contribuiu para a ignorância da época. E muitas pessoas de esquerda se posicionaram fortemente.

Havia uma discussão se haveria somente uma constituinte exclusiva, ou se os parlamentares eleitos seriam tanto deputados e senadores como constituintes. A decisão foi a de juntar todos para integrar a Assembleia.

O poder constituinte dá uma carta em branco para os elaboradores da Constituição, já o poder constituído é quem pode modificá-lo. Tivemos vários poderes constituintes das constituições outorgadas e das promulgadas. Durante essas constituintes, sofremos uma maluquice institucional, em que sempre teve o aumento do Estado, nunca a sua diminuição, e a última foi consequência disso.

Em 1988, nossa Constituição foi promulgada por Ulysses Guimarães (1916-1992), que era o presidente do Congresso Nacional, e por José Sarney, então presidente do Brasil. Teve a relatoria do Bernardo Cabral, e muitos comentam que todo mundo que pedia a ele para incluir mais um tópico, ele incluía, até mesmo assuntos contrários e, de fato, nossa Constituição é altamente contraditória. Ao que parece, tinha-se uma vontade de resolver todos os problemas da Humanidade, o que não é a função constitucional. Sua função é limitar o poder do Estado, o poder do rei, e não limitar o poder das pessoas.

Críticas:

Essa Constituição fez uma expansão monetária tremenda. Antônio Paim (1927-2021) chegou a dizer que nossa Constituição seria "estaginflacionária", ou seja, muita inflação e baixíssimo crescimento. Roberto Campos chamava-a de "Constituição Inflacionária". Inclusive Sarney criticou fortemente a Constituição de 1988:

"Sarney, passaram 12 milhões de pessoas aqui durante a constituinte. Isso mostra participação". Eu disse: Ulysses, você está me preocupando mais ainda com a Constituição. Porque a única que sobreviveu até nós, até hoje,

é a Constituição americana, que foi feita por 32 pessoas. Achei logo que a constituição era péssima. Mal redigida, não tinha uma estrutura, não tinha uma unidade. A verdade é que eu fui para a televisão dizer isso, que aquele projeto tornaria o país ingovernável.

E, de fato, tornou o país ingovernável, tanto é que já foi emendada 105 vezes em 35 anos. Enquanto a de 1824 foi emendada apenas uma vez em mais de sessenta anos de existência.

Pessoas até mais à esquerda também criticaram a atual Constituição. Fernando Henrique Cardoso disse:

A Constituição é atrasada. O mundo estava entrando em globalização e nós estávamos pensando num Brasil autárquico. É uma constituição muito desigual. É mesmo boa na democracia, mas não tem realismo, nem na economia, nem no funcionamento do Estado. Sem contar que foi planejada para um regime parlamentarista. Quando isso não vingou – e ficou presidencialismo –, o resto não caiu. Se você olhar com cuidado, o Congresso tem poderes que nunca usou, como o de fiscalização e controle do Poder Executivo, atribuição típica de um regime parlamentarista[133].

A título de curiosidade, Mário Covas (1930-2001) – que depois fez parte do PSDB – foi quem decidiu que nosso regime não seria parlamentarista, mas sim presidencialista, gerando um caos, já que nossa Constituição foi elaborada para funcionar em um regime que se transformou em outro[134].

Por exemplo, a Medida Provisória, que veio para substituir os Decretos-Leis, é muito própria do regime parlamentarista italiano, de onde ela foi copiada. Quando o primeiro-ministro manda uma Medida Provisória e o Congresso não aprova, isso é um voto de

---

133. Tiro essas referências do livro *1988: Segredos da Constituinte*, do autor Luiz Maklouf Carvalho. Outro livro muito interessante sobre a Constituição é o *Constituição de 1988: O Avanço do Retrocesso*, de Paulo Mercadante.

134. O neto de Tancredo Neves, Aécio Neves, faz a seguinte crítica: "[...] que nos levasse, por exemplo, até o parlamentarismo, que é um modelo que nos assegura uma maior estabilidade, do que o presidencialismo imperial que o Brasil vive há muito tempo, onde as crises eventuais acabam sendo crises de Estado".

desconfiança do parlamento, ou seja, há uma sinalização clara de que esse primeiro-ministro não tem apoio e ele vai cair. No Brasil, essa Medida Provisória ficava valendo por todo o tempo até que o Congresso Nacional votasse para derrubar ou transformar em lei. Hoje em dia não é mais assim, a medida fica em vigência durante sessenta dias, prorrogáveis por mais sessenta, sendo um total de 120 dias e, se o Congresso não a confirmar, ela perde sua eficácia.

Carlos Ari Sundfeld, professor da FGV, ao comentar sobre a nossa Constituição, fala sobre a ideia corporativista, teoria da captura e teoria da escolha pública[135]. As corporações se organizaram e lutaram, efetivamente, porque acharam que a Constituição era uma oportunidade para consolidar e cristalizar sua situação.

> *A própria corporação que eu fazia parte, na época, a dos advogados públicos, no meu caso, do estado de São Paulo. Além de se organizar, em cada estado, os procuradores fortaleceram suas entidades nacionais. Nasceu aí o inciso que incluiu as procuradorias de estados nos capítulos das funções essenciais e justiça. É verdade que há um interesse institucional – mas é verdade, também, que há um objetivo de melhor remuneração.*

Quando trabalhei na Câmara dos Deputados, durante um ano e meio, fundando a liderança do Partido Novo, em que eu era o Diretor Legislativo da bancada, recebi pessoas usando argumentos jurídicos para justificar o aumento de salário, como o Carlos Ari falou exatamente no primeiro parágrafo acima colacionado.

Carlos Ari também faz crítica à inclusão de profissões como "essenciais à justiça". E, hoje em dia, de fato, são muitas incluídas nesse rol: advogados, defensores, procuradores, todo mundo virou essencial à justiça, o que não era previsto em nenhuma Constituição anterior. Há um interesse institucional nessa inclusão ao rol de "essenciais", mas também é verdade de que há um objetivo de

---

135. O professor Adriano Gianturco tem um livro formidável sobre esse tema de *public choice*, que é *A Ciência da Política*.

melhor remuneração, ou seja, se determinada profissão é considerada essencial, ela também deve ser mais bem remunerada.

André Reis, chefe de gabinete da liderança do Partido Novo na Câmara dos Deputados, costumava dizer que quando temos as galerias cheias com corporações, o Estado tem um prejuízo de, mais ou menos, 100 milhões de reais, e quando eles cantam o hino nacional, o prejuízo é de 200 milhões. Usam os grupos de pressão para realizar seu benefício salarial. Mises trata muito disso no Capítulo 6 do livro *As Seis Lições*, isto é, de como esses grupos de pressão vão intervindo no parlamento para conseguirem benefícios.

Em geral, existem anteprojetos das constituições exatamente para dar um norte, para facilitar o encaminhamento da elaboração, e no Brasil houve um anteprojeto da Constituição de 1946 que trazia uma base. Inclusive, José Serra questionaria o porquê de termos criado uma Constituição após as de 1967 e 1969. Se não gostamos dessas últimas duas, por qual motivo não voltamos para a Constituição de 1946, ou por qual motivo ela não serviu sequer de base para criação da de 1988? Seria muito mais lógico.

Essa Constituição de 1988 foi feita sem um anteprojeto, sendo caótica. Jorge Bornhausen, outro parlamentar famoso, participante da constituinte, criticou a falta de anteprojeto na Constituição de 1988:

> *E por isso nós tivemos grandes exageros: colocamos a CLT dentro da Constituição, consideramos o Estado Todo-Poderoso, capaz de resolver a saúde e a educação de todos os brasileiros. Houve certo utopismo. A Constituinte se deu em período anterior a queda do muro de Berlim. Isso tudo de certa forma atrapalhou. Havia um grande desejo de liberdade e ao mesmo tempo um entendimento que o Estado era capaz de tudo.*

Esse comentário de quem estava presente durante sua elaboração demonstra como nossa Constituição está no "caminho da servidão". Seguindo a lógica de Friedrich von Hayek, ela está nesse caminho em razão das inúmeras previsões de intervenções estatais em muitos âmbitos, inclusive, em seu art. 192 – já revogado – era previsto o controle de juros que devia ser, no máximo, de 12% ao ano. Todos nós sabemos que o tabelamento de preços sempre será uma tática falha[136], nunca trará benefícios para a sociedade, mas, até hoje, temos projetos de lei tentando limitar juros a 20% ao ano. Mesmo tendo boa intenção, os parlamentares que querem fazer esse controle trarão péssimos resultados econômicos se seus projetos forem aprovados.

Ou seja, ela adentrou vários temas que nenhuma outra tinha adentrado, trazendo várias perspectivas corporativas. Além disso, em vários de seus artigos, previu que deveriam ser editadas leis para lhes dar eficácia. Essa foi uma forma de se deixar passar temas irrelevantes, que não queriam que tivesse eficácia imediata.

Apesar das críticas que tenho a Nelson Jobim, ele traz um raciocínio interessante sobre a Constituição de Weimar. Ele diz que a Constituição não deve ser "coisa de acadêmico", que seria o cientificismo, tão criticado pela Escola Austríaca.

> *Tu vê a criação acadêmica que deu no nazismo, a Constituição de Weimar, que foi um troço feito por juristas. Jurista não sabe fazer a Constituição. É uma coisa política.*

Para Roberto Jefferson:

> *É uma bela Constituição. Coteja muito bem os direitos dos menos favorecidos, idealiza um mundo da saúde e educacional muito bom. Ainda não foi cumprido – até porque não há orçamento do mundo que sustente um sonho –, mas é fundamental a cidadania constar no livrinho.*

A ideia fundamental de saúde é impagável, pois não há nada que sustente o sonho, mas é fundamental que seja colocada dentro da Constituição Federal. Tanto que hoje ela se tornou a "Constituição Cidadã". Ulysses Guimarães era quem dizia que essa Constituição

---

136. É preciso entender que o Estado se financia de três formas: por tributos, empréstimos – como Tesouro Direto ou FMI – e por imposto inflacionário, que é a expansão monetária – aquilo que Mises e Hayek chamaram de "maus investimentos", o centro de análise da Teoria Austríaca dos Ciclos Econômicos. Hayek comenta sobre esse tema no livro *Desemprego e Política Monetária*.

tinha vários problemas, mas era cidadã, pois tinha participação popular. Ainda que Mário Covas era quem determinava vários tópicos, sendo o presidente do Congresso Nacional e o presidente da Assembleia Constituinte a mesma pessoa: Ulysses Guimarães. Além disso, os senadores tinham oito anos de mandato e não precisavam ser reeleitos, continuando no poder sem eleições – apenas um desses senadores fez questão de participar das eleições para ter legitimidade no novo mandato, porém faleceu durante a Constituinte.

A Carta do Papai Noel[137,] vulgo a Constituição Cidadã:

Cada Constituição que tivemos trouxe alguma espécie de "novidade" em relação às anteriores e não seria diferente com a de 1988. No caso desta, em que foram inseridas cláusulas pétreas, ou seja, temas que não podem ser modificados, tais como: a forma federativa do Estado; a divisão dos Poderes; o voto secreto, direto, universal e periódico; e os direitos e garantias individuais, conforme § 4º do art. 60.

A ideia de direitos sociais, de negociações entre empregadores e empregados, também foi incluída, infelizmente. Como disse Jorge Bornhausen, trouxemos a Consolidação das Leis do Trabalho para dentro do texto constitucional, o que pode ser visto no inciso IV, art. 7º:

> *Art. 7º São direitos dos trabalhadores urbanos e rurais, além de outros que visem à melhoria de sua condição social:*
>
> *IV. salário-mínimo, fixado em lei, nacionalmente unificado, capaz de atender às suas necessidades vitais básicas e às de sua família com moradia, alimentação, educação, saúde, lazer, vestuário, higiene, transporte e previdência social, com reajustes periódicos que lhe preservem o poder aquisitivo, sendo vedada sua vinculação para qualquer fim;*

---

137. Defino como "Carta do Papai Noel" em referência às incongruências presentes e ao sentido de ideal de quem acredita que será presenteado sem pensar na realidade da coisa.

Além disso, nossa Constituição também traz a regulamentação de monopólios, a começar pelo petróleo. Roberto Campos fez uma brincadeira ao dizer que, se constituições devessem prever o controle de combustíveis, a Constituição da Filadélfia deveria ter mencionado a lenha, e as constituições europeias do século passado, o carvão[138].

O problema das estatais é que, quando elas dão lucro, os mais beneficiados são os políticos, mas quando dão prejuízo, os mais prejudicados são as pessoas, a população, gerando um risco para todos.

Além do monopólio do petróleo, também temos o monopólio da moeda, previsto no art. 164[139], que traz que apenas quem pode emitir moeda é a União. A Casa da Moeda, para deixar claro, é uma gráfica, e quem faz a emissão da moeda é o Banco Central, segundo a citada previsão constitucional. E nesse tocante, há uma lei chamada Lei de Pulso Forçado, que obriga que as negociações realizadas no Brasil sejam em moeda nacional.

Vejamos o art. 173:

> *Art. 173. Ressalvados os casos previstos nesta Constituição, a exploração direta de atividade econômica pelo Estado só será permitida quando necessária aos imperativos da segurança nacional ou a relevante interesse coletivo, conforme definidos em lei.*

No art. 175 é desenvolvida, portanto, a ideia de concessão e permissão. Entre a Administração Direta e a Administração Indireta, é preferível que a Direta realize as atividades, já que se tem órgãos diretos. Mas o ideal é que os bancos fossem privatizados, e não concedidos.

---

138. "Com o bom senso que caracterizava os *founding fathers* norte-americanos, abstiveram-se na Constituição da Filadélfia de mencionar a lenha, e nenhuma das Constituições europeias do século passado mencionou o carvão. São combustíveis cuja importância varia no curso do tempo, enquanto as Constituições devem tratar da organização do Estado e dos direitos dos indivíduos. Coube ao Brasil esse pioneirismo ridículo de entronizar hidrocarbonetos na Carta Magna". Roberto Campos. (ref.)

139. Art. 164. A competência da União para emitir moeda será exercida exclusivamente pelo banco central.

Art. 175. Incumbe ao Poder Público, na forma da lei, diretamente ou sob regime de concessão ou permissão, sempre através de licitação, a prestação de serviços públicos.

Pois quando ocorre privatização, o Estado larga mão daquele bem, que seria o ideal.

No caso de concessões e permissões, o problema desses institutos é que passamos a ter a União, os estados e os municípios como titulares de direitos de certas atividades, sendo os responsáveis por determinadas atividades, e esses entes delegam para a iniciativa privada o poder de realizá-las por meio de concessão e permissão. Nota-se que essa titularidade de direito torna o Estado o único capaz de realizar um determinado serviço, e essa delegação é dada para a iniciativa privada, podendo ser relacionados com os serviços de radiodifusão sonora, de sons e de imagens, serviços e instalações de energia elétrica, aproveitamento dos cursos de água, navegação aérea, serviços de transporte ferroviário, de transporte rodoviário interestadual e internacional de passageiros, portos marinhos e fluviais[140].

No art. 30 é trazido que os municípios serão os titulares do saneamento básico, água, esgoto e lixo, e, também, titulares da competência de organizar os serviços de interesse local, incluído o de transporte coletivo[141]. São atividades de titularidade dos municípios, mas que eles delegam para a iniciativa privada.

---

140. Art. 21. Compete à União: XII – explorar, diretamente ou mediante autorização, concessão ou permissão: a) os serviços de radiodifusão sonora, e de sons e imagens; b) os serviços e instalações de energia elétrica e o aproveitamento energético dos cursos de água, em articulação com os Estados onde se situam os potenciais hidroenergéticos; c) a navegação aérea, aeroespacial e a infra-estrutura aeroportuária; d) os serviços de transporte ferroviário e aquaviário entre portos brasileiros e fronteiras nacionais, ou que transponham os limites de Estado ou Território; e) os serviços de transporte rodoviário interestadual e internacional de passageiros; f) os portos marítimos, fluviais e lacustres;
141. Art. 30. Compete aos Municípios:

V. Organizar e prestar, diretamente ou sob regime de concessão ou permissão, os serviços públicos de interesse local, incluído o de transporte coletivo, que tem caráter essencial;

Quanto à lógica urbana, do zoneamento urbano, do plano diretor, criou-se a Lei da Desocupação do Solo, o Código de Obras e Posturas do Município, o Plano Diretor, o Código da Cidade, tudo isso para regular como poderá ser feita a distribuição, a construção e a edificação das cidades. Em geral, dá muito errado, como Tácito da Roma antiga dizia, quanto mais leis um país tem, mais corrupto ele é[142]. Ayn Rand também falava que quando se tem muitas leis, elas têm a finalidade de deixar os cidadãos presos, sempre limitados à legislação. Portanto, houve uma invasão estatal em vários ramos, estadual, federal, municipal.

Também existirão outros serviços apresentados como se direitos fossem. Como a saúde, que é prevista como direito de todos e dever do Estado, garantida mediante políticas sociais e econômicas que visem à redução do risco de doença e de outros agravos e ao acesso universal e igualitários às ações e serviços para sua promoção, proteção e recuperação[143]. Não foi dito que temos direito ao tratamento de saúde, como outras Constituições trazem, nós temos direito à saúde em si. Então, fazendo uma brincadeira com nossa previsão constitucional, a covid-19 é completamente inconstitucional, já que nós todos temos direito à saúde.

Outro serviço trazido como direito foi a educação, mas todo nós pagamos de forma indireta por ela, em especial, os mais pobres pagam para os mais ricos estudarem em universidades públicas. O art. 205 traz o seguinte:

> *Art. 205. A educação, direito de todos e dever do Estado e da família, será promovida e incentivada com a colaboração da sociedade, visando ao pleno desenvolvimento da pessoa, seu preparo para o exercício da cidadania e sua qualificação para o trabalho.*

---

142. "Quanto mais corrupto o Estado, maior o número de leis" ou *"Corruptissima re publica plurimae leges"*, frase atribuída a Tácito, historiador e político romano.

143. Art. 196. A saúde é direito de todos e dever do Estado, garantido mediante políticas sociais e econômicas que visem à redução do risco de doença e de outros agravos e ao acesso universal e igualitário às ações e serviços para sua promoção, proteção e recuperação.

Nesse caso, é uma ampliação muito grande do Estado, já que ele também ficará responsável pela educação. Vale atentar que grande parte da renda advinda dos pagadores de impostos vai para as universidades públicas, e pouco vai para o ensino fundamental. O dinheiro é distribuído muito mais para o topo da pirâmide, que são as universidades, do que para a base.

Em 1215, quando da criação da Carta Magna inglesa, foi gerada a ideia de um parlamento exatamente para administrar o orçamento, mas, hoje em dia, por interesses corporativos, de classes, e muitos servidores públicos trabalhando nas Universidades Federais, acabamos por ter grande parte dos recursos alocados nesse setor, que é o topo da pirâmide.

Outro ponto previsto na Constituição de 1988 é a ideia de outra pirâmide: a Previdência Social. Para quem não sabe, nosso esquema piramidal é no sentido de que quem está trabalhando paga para quem está aposentado, assim, se tem pouca gente trabalhando, o sistema quebra. Inclusive, o sistema de previdência do Brasil já está completamente quebrado há muito tempo. Se alguém trabalha nas condições da CLT, é obrigado a participar desse regime, mas, se essa pessoa estiver na informalidade, ela acaba quebrando o sistema. Uma solução para isso – inclusive foi uma sugestão do Instituto Mises Brasil e minha também – é um sistema de capitalização para permitir que o dinheiro passe a trabalhar em favor das pessoas e, com o dinheiro capitalizando para cada trabalhador, o sistema estaria em uma situação mais confortável. Mises fez muitas críticas, no início do século XX, sobre ter um sistema de previdência social, pois você acaba desincentivando a poupança, que é exatamente o que permite que a sociedade cresça e se desenvolva.

Além da previsão constitucional sobre a Previdência Social, também é trazida a Assistência Social, uma ideia que vem desde o Brasil Império. Em 1891, na Constituição do Golpe da República, tinha uma previsão para manter parte dos valores que a família real retirava dos salários de seus próprios membros para os pobres. Ou seja, começou com a família real e foi estabelecida e estruturada na Constituição de 1891. A previsão do art. 203 traz que os objetivos da assistência social que seriam: a proteção à família, amparo às crianças, promoção da integração ao mercado de trabalho, habilitação de portadores de deficiência e de doença e a garantia de um salário mínimo de benefício mensal à pessoa portadora de deficiência e ao idoso, o que seria o BPC, Benefício de Prestação Continuada[144], dentre outros.

Outro ponto estranho é a ideia da família[145], que passou a ter proteção do Estado. Nunca deveria ser previsão constitucional a perspectiva de família, pois não cabe ao Estado definir o que é família, uma vez que a Constituição não é feita para aumentar o poder estatal, não é feita para limitar o poder das pessoas. Como

---

144. Art. 203. A assistência social será prestada a quem dela necessitar, independentemente de contribuição à seguridade social, e tem por objetivos:
I. a proteção à família, à maternidade, à infância, à adolescência e à velhice;
II. o amparo às crianças e adolescentes carentes;
III. a promoção da integração ao mercado de trabalho;
IV. a habilitação e reabilitação das pessoas portadoras de deficiência e a promoção de sua integração à vida comunitária;
V. a garantia de um salário mínimo de benefício mensal à pessoa portadora de deficiência e ao idoso que comprovem não possuir meios de prover à própria manutenção ou de tê-la provida por sua família, conforme dispuser a lei.
145. Art. 226. A família, base da sociedade, tem especial proteção do Estado. § 1º O casamento é civil e gratuita a celebração. § 2º O casamento religioso tem efeito civil, nos termos da lei. § 3º Para efeito da proteção do Estado, é reconhecida a união estável entre o homem e a mulher como entidade familiar, devendo a lei facilitar sua conversão em casamento. § 4º Entende-se, também, como entidade familiar a comunidade formada por qualquer dos pais e seus descendentes. § 5º Os direitos e deveres referentes à sociedade conjugal são exercidos igualmente pelo homem e pela mulher. § 6º O casamento civil pode ser dissolvido pelo divórcio. § 7º Fundado nos princípios da dignidade da pessoa humana e da paternidade responsável, o planejamento familiar é livre decisão do casal, competindo ao Estado propiciar recursos educacionais e científicos para o exercício desse direito, vedada qualquer forma coercitiva por parte de instituições oficiais ou privadas. Regulamento. § 8º O Estado assegurará a assistência à família na pessoa de cada um dos que a integram, criando mecanismos para coibir a violência no âmbito de suas relações.

podemos ver no art. 226, o casamento é civil, a celebração é gratuita e o casamento religioso tem efeito civil – não há necessidade, pois são eventos privados, sem nenhuma relação estatal.

O § 3º traz que é reconhecida a união estável entre o homem e a mulher como entidade familiar, devendo a lei facilitar sua conversão em casamento, e o § 5º vai trazer que os direitos e deveres referentes à sociedade conjugal são exercidos igualmente pelo homem e pela mulher. Ou seja, a Constituição traz que o casamento só poderá acontecer entre homem e mulher, mas isso não era, sequer, para ser uma preocupação do Estado.

A Constituição define situações que não lhe cabem, que não deveriam ter "patamar constitucional", como se vê no art. 215[146], em que o Estado vai dizer o que é cultura. A título de exemplo, tivemos um secretário que disse que um prêmio de música poderia ser concorrido por todos os gêneros musicais, menos os roqueiros, pois esse gênero estaria ligado ao Inferno. Eis o problema de deixar o Estado definir o que seria ou não cultura.

A mesma situação se dá no âmbito do desporto. Não era para estar na Constituição, não há qualquer lógica uma previsão para isso. A única coisa que seria razoável estar na Constituição, seria o que

---

146. Art. 215. O Estado garantirá a todos o pleno exercício dos direitos culturais e acesso às fontes da cultura nacional, e apoiará e incentivará a valorização e a difusão das manifestações culturais. § 1º O Estado protegerá as manifestações das culturas populares, indígenas e afro-brasileiras, e das de outros grupos participantes do processo civilizatório nacional. § 2º A lei disporá sobre a fixação de datas comemorativas de alta significação para os diferentes segmentos étnicos nacionais. § 3º A lei estabelecerá o Plano Nacional de Cultura, de duração plurianual, visando ao desenvolvimento cultural do País e à integração das ações do poder público que conduzem à:
  I. defesa e valorização do patrimônio cultural brasileiro;
  II. produção, promoção e difusão de bens culturais;
  III. formação de pessoal qualificado para a gestão da cultura em suas múltiplas dimensões;
  IV. democratização do acesso aos bens de cultura;
  V. valorização da diversidade étnica e regional.

já é previsto no art. 217, § 1º[147], que traz uma exceção ao princípio da inafastabilidade do Poder Judiciário, pois ele só admitirá ações relativas à disciplina e às competições desportivas após esgotarem-se as instâncias da justiça desportiva, regulada em lei. Essa previsão significa que as ações relativas ao desporto devem tramitar em todas as instâncias da justiça desportiva antes de serem analisadas pelo Poder Judiciário, sendo a única exceção do mencionado princípio, já que todas as outras situações são abarcadas pela inafastabilidade de análise do judiciário, podendo imediatamente ser submetidas a ele, independentemente das instâncias administrativas.

Muitas pessoas, inclusive, criticam essa dispensabilidade do âmbito administrativo, alegando que muitos problemas poderiam ser resolvidos administrativamente, porém é curioso perceber que, em sede de processo administrativo, quem acusa é o Estado, quem julga é o Estado, a vítima é o Estado e a multa aplicada é revertida em favor do Estado, não havendo independência de decisão. Se observar as condenações no direito tributário, grande parte só é revertida em última instância no CARF (Conselho Administrativo de Recursos Fiscais), quando há uma representação paritária em relação à iniciativa privada dentro do julgamento.

Com relação a outro tema em que o Estado se mete novamente é em relação à Ciência e Tecnologia. Em Estados totalitários – como foi o caso na União Soviética, dos nazistas, fascistas – se acaba tendo a "ciência do partido". Quando havia desenvolvimento científico na União Soviética, a pesquisa era analisada primeiro pelo partido, para que se fosse certificado de que estava dentro dos parâmetros comunistas ou não. A ideia do *homo soviets*, que seria uma evolução do *homo sapiens*, surgiu, inclusive, nessa perspectiva. Assim, trazer

---

147. Art. 217. É dever do Estado fomentar práticas desportivas formais e não-formais, como direito de cada um, observados:

§ 1º O Poder Judiciário só admitirá ações relativas à disciplina e às competições desportivas após esgotarem-se as instâncias da justiça desportiva, regulada em lei.

a ciência e tecnologia para dentro do Estado, principalmente, as inserindo dentro da Constituição, é um absurdo completo.

Mesma coisa com a Comunicação Social, vejamos o art. 222:

> Art. 222. A propriedade de empresa jornalística e de radiodifusão sonora e de sons e imagens é privativa de brasileiros natos ou naturalizados há mais de dez anos, ou de pessoas jurídicas constituídas sob as leis brasileiras e que tenham sede no País.

Isso gera uma reserva de mercado para os brasileiros.

Repetindo a Constituição de 1946, trazia a ideia de preservar o meio ambiente, de preservar o patrimônio genético do país, definir o espaço territorial e seus componentes[148].

Eu que tive oportunidade de trabalhar na Câmara dos Deputados, assim como o Lew Rockwell, um dos fundadores do Mises Americano, que foi chefe de gabinete do senador Ron Paul, também fundador do Mises Americano, que trouxe a seguinte perspectiva

---

148. Art. 225. Todos têm direito ao meio ambiente ecologicamente equilibrado, bem de uso comum do povo e essencial à sadia qualidade de vida, impondo-se ao Poder Público e à coletividade o dever de defendê-lo e preservá-lo para as presentes e futuras gerações. § 1º Para assegurar a efetividade desse direito, incumbe ao Poder Público:
I. Preservar e restaurar os processos ecológicos essenciais e prover o manejo ecológico das espécies e ecossistemas;
II. Preservar a diversidade e a integridade do patrimônio genético do País e fiscalizar as entidades dedicadas à pesquisa e manipulação de material genético;
III. Definir, em todas as unidades da Federação, espaços territoriais e seus componentes a serem especialmente protegidos, sendo a alteração e a supressão permitidas somente através de lei, vedada qualquer utilização que comprometa a integridade dos atributos que justifiquem sua proteção;
IV. Exigir, na forma da lei, para instalação de obra ou atividade potencialmente causadora de significativa degradação do meio ambiente, estudo prévio de impacto ambiental, a que se dará publicidade;
V. Controlar a produção, a comercialização e o emprego de técnicas, métodos e substâncias que comportem risco para a vida, a qualidade de vida e o meio ambiente;
VI. Promover a educação ambiental em todos os níveis de ensino e a conscientização pública para a preservação do meio ambiente;
VII. Proteger a fauna e a flora, vedadas, na forma da lei, as práticas que coloquem em risco sua função ecológica, provoquem a extinção de espécies ou submetam os animais a crueldade.

e foi o que constatei desempenhando minha função: é muita gente buscando intervir, são muitos *lobbies*, muitos interesses pessoais, muita gente querendo usar o Estado a seu favor e a nossa constituição ajuda a realizar esse intento.

Essa realidade é exatamente a que o Mises comenta em seu livro *As Seis Lições*, que muitas pessoas não estão interessadas no debate, estão lá apenas para buscar seus interesses. A Escola das Escolhas Públicas[149], *Public Choice*, analisa muito bem essa perspectiva de interesses pessoais e destaca o quão perigosas são essas intervenções e como elas podem causar danos ao país.

As qualidades da CF-88:

A Carta de Papai Noel, de fato, tem vários problemas, como já vimos, fazendo dela mais um ideal do que uma Constituição, mas será que tem algo que salve? Sim, sem dúvidas.

Apesar das diversas críticas à Constituição de 1988, um ponto positivo são os princípios fundamentais, a ideia de República, como traz o art. 1º:

> *Art. 1º A República Federativa do Brasil, formada pela união indissolúvel dos Estados e Municípios e do Distrito Federal, constitui-se em Estado Democrático de Direito e tem como fundamentos:*

Além disso, dentro das Cláusulas Pétreas[150] há a ideia de que não poderá ser objeto de deliberação a proposta de emenda tendente a abolir a forma federativa do Estado, o voto direto, secreto, universal

---

149. Seu principal expoente é James Buchanan, que publicou com Gordon Tullock, em 1962, *The Calculus of Consent*, a obra que estabeleceu a escolha pública como um ramo da economia.

150. Art. 60 – A Constituição poderá ser emendada mediante proposta: § 4º Não será objeto de deliberação a proposta de emenda tendente a abolir:
   I. a forma federativa de Estado;
   II. o voto direto, secreto, universal e periódico;
   III. a separação dos Poderes;
   IV. os direitos e garantias individuais.

e periódico – o que acredito que deveria ser facultativo: a separação dos três Poderes[151] e os direitos e garantias individuais.

Um dos fundamentos elencados nesse artigo são os valores do trabalho e da livre iniciativa, algo positivo, e traz a igualdade perante a lei, que é a base do pensamento liberal – que é vida, liberdade e propriedade garantidas em lei.

Portanto, altamente elogiável é a previsão de direitos e garantias individuais, presentes no art. 5º e no art. 170. No art. 5º[152] todos serão iguais perante a lei, sem distinção de qualquer natureza, garantindo-se aos brasileiros e aos estrangeiros residentes no país a inviolabilidade do direito à vida, à liberdade, à igualdade, à segurança e à propriedade.

O art. 170[153] diz que a Ordem Econômica observará os seguintes princípios: soberania nacional, propriedade privada, função social da propriedade, livre concorrência, defesa do consumidor, defesa do meio ambiente, redução das desigualdades regionais e

---

151. Hoje a moderação entre os três poderes é desempenhada pelo Judiciário, o que se tornou uma ditadura. Ruy Barbosa já dizia que a pior ditadura que existe é a ditadura do Judiciário: "A pior ditadura é a do Poder Judiciário. Contra ela, não há a quem recorrer". (ref)

152. Art. 5º – Todos são iguais perante a lei, sem distinção de qualquer natureza, garantindo-se aos brasileiros e aos estrangeiros residentes no País a inviolabilidade do direito à vida, à liberdade, à igualdade, à segurança e à propriedade, nos termos seguintes:

153. Art. 170 – A ordem econômica, fundada na valorização do trabalho humano e na livre iniciativa, tem por fim assegurar a todos existência digna, conforme os ditames da justiça social, observados os seguintes princípios:

I. soberania nacional;
II. propriedade privada;
III. função social da propriedade;
IV. livre concorrência;
V. defesa do consumidor;
VI. defesa do meio ambiente, inclusive mediante tratamento diferenciado conforme o impacto ambiental dos produtos e serviços e de seus processos de elaboração e prestação;
VII. redução das desigualdades regionais e sociais;
VIII. busca do pleno emprego;
IX. tratamento favorecido para as empresas de pequeno porte constituídas sob as leis brasileiras e que tenham sua sede e administração no País.

sociais e busca do pleno emprego. Há também a lógica do princípio da subsidiariedade. Os liberais defendem que os problemas dos indivíduos devem ser resolvidos pelos próprios indivíduos, os da família devem ser resolvidos pela família, os da rua pelas pessoas da rua, os do bairro pelas pessoas do bairro, e assim sucessivamente. Quanto mais perto, melhor de resolver o problema.

No prefácio que escrevi para o livro de Hoppe, *O Que Deve Ser Feito*[154], falo sobre a ideia de hiperfederalização, para que as cidades possam conseguir fazer suas leis próprias e facilitar a votação, permitindo que as pessoas "votem com os pés", já que é mais fácil para um cidadão migrar de, por exemplo, Fortaleza para Natal, se tivessem leis diferentes, do que migrar de Fortaleza para os Estados Unidos. É muito mais fácil migrar de São Paulo para São José dos Campos, se cada cidade tivesse leis diferentes, pois se teria uma jurisdição diferente e a possibilidade de viver sob uma lei que o cidadão acreditasse mais. Hoje, grande parte das decisões são tomadas em Brasília e estabelecidas para todo o país. Isso demonstra uma arrogância fatal muito grande, como diria Hayek, achar que, de Brasília, serão resolvidos os problemas do Brasil como um todo. E, claro, mesmo as decisões locais, deveriam respeitar as liberdades individuais, mas, caso não respeitassem, o cidadão poderia "migrar com os pés" mais facilmente, sendo esse o objetivo central que deveria ser estabelecido.

Os problemas da CF-88:

Podemos dizer que a Constituição de 1988 tem 105 problemas, percebidos pelas 105 vezes que sofreu emendas, gerando assim um prejuízo para a segurança jurídica.

Já tivemos oito constituições e mais de cem emendas no total, o que em termos de comparação comprova o quão problemática é a de 1988, apontando assim porque o Brasil não dá certo, tampouco porque não é para iniciantes.

---

154. São Paulo: LVM Editora, 2013.

Acompanhe a LVM Editora nas Redes Sociais

 https://www.facebook.com/LVMeditora/

 https://www.instagram.com/lvmeditora/

Esta edição foi preparada pela LVM Editora e por Décio Lopes,
com tipografia Baskerville e Minion Pro,
em março de 2023.

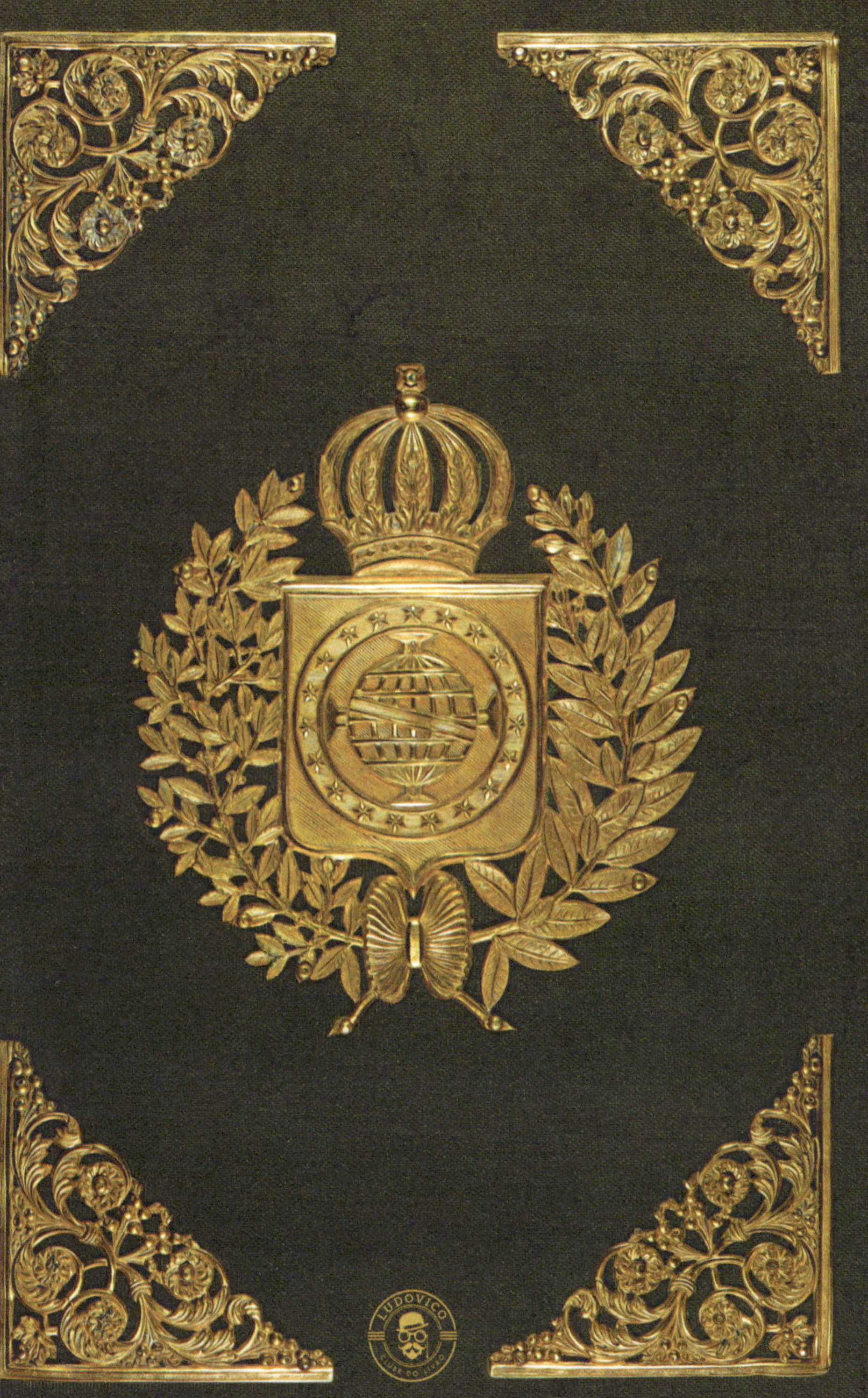
LUDOVICO

PRESIDÊNCIA DA REPÚBLICA
ARQUIVO NACIONAL

Casa civil da Presidência da República
Arquivo Nacional

Fundo : Constituição e Emendas Constitucionais

Codigo do Fundo : DK

Titulo : Constituição para o Império do Brasil

Data : 25/03/1824

Dimensões : 26 X 40 cm

Dom Pedro Primeiro, por Graça de Deos e Unanime Acclamação dos Povos Imperador Constitucional, e Defensor Perpetuo do Brazil: Fazemos saber a todos os Nossos Subditos que, tendo-Nos requerido os Povos deste Imperio, juntos em Camaras, que Nós quanto antes Jurassemos, e Fizessemos jurar o Projecto de Constituição, que Haviamos offerecido ás suas observações, para serem depois presentes á nova Assemblea Constituinte; mostrando o grande desejo, que tinhão de que elle se observasse já, como Constituição do Imperio, por lhes merecer a mais plena approvação, e delle esperarem a sua individual e geral felicidade Politica: Nós Juramos o sobredito Projecto para o Observarmos e Fazermos observar, como Constituição, que d'ora em diante fica sendo deste Imperio, a qual he do teor seguinte:

Cons=

Constituição Politica do Imperio do Brazil

Em Nome da Santissima Trindade.

Titulo I.

Do Imperio do Brazil, seu Territorio, Governo, Dynastia e Religião.

Artigo 1.º O Imperio do Brazil he a associação Politica de todos os Cidadãos Brazileiros. Elles formão huma Nação livre e independente, que não admitte com qualquer outra laço algum de união, ou federação, que se opponha à sua Independencia.

Art. 2.º O seu Territorio he dividido em Provincias na forma, em que actualmente se acha, as quaes poderão ser subdivididas, como pedir o bem do

Estado.

Art. 3.º O seu Governo he Monarchico Hereditario Constitucional e Representativo.

Art. 4.º A Dynastia Imperante he a do Senhor Dom Pedro I. actual Imperador e Defensor Perpetuo do Brazil.

Art. 5.º A Religião Catholica Apostolica Romana continuará a ser a Religião do Imperio. Todas as outras Religiões serão permittidas com o seu culto domestico ou particular em Casas para isso destinadas, sem fórma alguma exterior de Templo.

Titulo 2.º
Dos Cidadãos Brasileiros

Art. 6.º São Cidadãos Brasileiros:

I. Os que no Brasil tiverem nascido, quer sejão ingenuos ou libertos; ainda que o Pay seja Estrangeiro, huma vez que este não resida por serviço da sua Nação.

II. Os filhos de Pay Brasileiro, e os illegitimos de May Brasileira, nascidos em Paiz Estrangeiro, que vierem estabellecer domicilio no Imperio.

III. Os filhos de Pay Brazileiro, que estivesse em Paiz Estrangeiro em serviço do Imperio, embora elles não venhão estabellecer domicilio no Brazil.

IV. Todos os nascidos em Portugal e suas Possessões, que sendo já residentes no Brazil na época, em que se proclamou a Independencia nas Provincias, onde habitavão, adherirão a esta, expressa ou tacitamente, pela continuação da sua residencia.

V. Os Estrangeiros naturalisados, qualquer que seja a sua Religião. A Ley determinará as qualidades precisas, para se obter Carta de Naturalisação.

Art. 7.º Perde os Direitos de Cidadão Brazileiro

I. O que se naturalisar em Paiz Estrangeiro.

II. O que sem Licença do Imperador acceitar Emprego, Pensão, ou Condecoração de qualquer Governo Estrangeiro.

III. O que for banido por Sentença.

Art. 8.º Suspende-se o exercicio dos Direitos Politicos.

I. Por incapacidade fysica ou moral.

II. Por Sentença condemnatoria a prizão ou degredo, em quanto durarem os seus effeitos.

Titulo III.

Dos Poderes e Representação Nacional.

Art. 9.º A divisão e harmonia dos Poderes Politicos he o principio conservador dos Direitos dos Cidadãos, e o mais seguro meio de fazer effectivas as garantias, que a Constituição offerece.

Art. 10.º Os Poderes Politicos reconhecidos pela Constituição do Imperio do Brazil são quatro: o Poder Legislativo, o Poder Moderador, o Poder Executivo, e o Poder Judicial.

Art. 11.º Os Representantes da Nação Brazileira são o Imperador e a Assemblea Geral.

Art. 12.º Todos estes Poderes no Imperio do Brazil são delegações da Nação.

Titulo IV.

Do Poder Legislativo.

Capitulo I.

Dos Ramos do Poder Legislativo, e suas Attribuições.

Art. 13.º O Poder Legislativo he delegado á

Assemblea Geral com a Sancção do Imperador.

Art. 14.º A Assemblea Geral compõe-se de duas Camaras: Camara de Deputados, e Camara de Senadores, ou Senado.

Art. 15.º He da attribuição da Assemblea Geral

I. Tomar Juramento ao Imperador, ao Principe Imperial, ao Regente ou Regencia.

II. Eleger a Regencia ou o Regente, e marcar os limites da sua auctoridade.

III. Reconhecer o Principe Imperial, como Successor do Throno, na primeira reunião logo depois do seu nascimento.

IV. Nomear Tutor ao Imperador menor, caso Seu Pay o não tenha nomeado em Testamento.

V. Resolver as duvidas, que occorrerem sobre a Successão da Coroa.

VI. Na morte do Imperador, e vacancia do Throno, instituir exame da Administração, que acabou, e reformar os abusos nella introduzidos.

VII. Escolher nova Dynastia, no caso da extincção da Imperante.

VIII. Fazer Leis, interpreta-las, suspende-las, e revoga-las.

IX. Velar na guarda da Constituição; e promover

o bem geral da Nação.

X. Fixar annualmente as Despezas Publicas, e repartir a Contribuição directa.

XI. Fixar annualmente, sobre a informação do Governo, as Forças de mar e terra, ordinarias e extraordinarias.

XII. Conceder ou negar a entrada de Forças Estrangeiras de terra e mar dentro do Imperio, ou dos portos delle.

XIII. Auctorisar ao Governo para contrahir Emprestimos.

XIV. Estabellecer meios convenientes para pagamento da Divida Publica.

XV. Regular a Administração dos Bens Nacionaes, e decretar a sua alienação.

XVI. Crear ou supprimir Empregos Publicos, e estabellecer-lhes Ordenados.

XVII. Determinar o peso, valor, inscripção, typo, e denominação das moedas, assim como o padrão dos pezos e medidas.

Art. 16.º Cada huma das Camaras terá o Tratamento de = Augustos e Dignissimos Senhores Representantes da Nação. =

Art. 17.º Cada Legislatura durará quatro annos,

e cada Sessão annual quatro mezes.

Art. 18.º A Sessão Imperial de Abertura será todos os annos no dia tres de Maio.

Art. 19.º Tambem será Imperial a Sessão do Encerramento; e tanto esta como a da Abertura se farà em Assemblea Geral, reunidas ambas as Camaras.

Art. 20.º Seu Ceremonial e o da participação ao Imperador será feito na forma do Regimento interno.

Art. 21.º A Nomeação dos respectivos Presidentes, Vice-Presidentes e Secretarios das Camaras, verificação dos poderes dos seus Membros, Juramento, e sua Policia interior, se executará na forma dos seus Regimentos.

Art. 22.º Na reunião das duas Camaras, o Presidente do Senado dirigirà o trabalho: os Deputados e Senadores tomarão lugar indistinctamente.

Art. 23.º Não se poderà celebrar Sessão em cada huma das Camaras, sem que esteja reunida a metade e mais hum dos seus respectivos Membros.

Art. 24.º As Sessões de cada huma das Camaras serão publicas, à excepção dos casos, em que o bem do Estado exigir, que sejão secretas.

Art. 25.º Os negocios se resolverão pela maioria absoluta de votos dos Membros presentes.

Art. 26.º Os Membros de cada huma das Camaras

são inviolaveis pelas opiniões, que proferirem no exercicio das suas funcções.

Art. 27.º Nenhum Senador ou Deputado, durante a sua deputação, pode ser prezo por Auctoridade alguma, salvo por ordem da sua respectiva Camara, menos em flagrante delicto de pena capital.

Art. 28.º Se algum Senador ou Deputado for pronunciado, o Juiz, suspendendo todo o ulterior procedimento, dará conta á sua respectiva Camara, a qual decidirá se o processo deva continuar, e o Membro ser, ou não suspenso no exercicio das suas funcções.

Art. 29.º Os Senadores e Deputados poderão ser nomeados para o Cargo de Ministro d'Estado, ou Conselheiro d'Estado, com a differença de que os Senadores continuão a ter assento no Senado, e o Deputado deixa vago o seu lugar da Camara, e se procede a nova Eleição, na qual pode ser reeleito, e accumular as duas funcções.

Art. 30.º Tambem accumalão as duas funcções, se já exercião qualquer dos mencionados Cargos, quando forão eleitos.

Art. 31.º Não se póde ser ao mesmo tempo Membro de ambas as Camaras.

Art. 32.º O exercicio de qualquer Emprego Ha

excepção dos de Conselheiro de Estado e Ministro d'Estado, cessa interinamente, em quanto durarem as funcções de Deputado ou de Senador.

Art. 33.º No intervalo das Sessões não poderá o Imperador empregar hum Senador ou Deputado fóra do Imperio; nem mesmo irão exercer seus Empregos, quando isso os impossibilite para se reunirem no tempo da Convocação da Assemblea Geral Ordinaria ou Extraordinaria.

Art. 34.º Se por algum caso imprevisto, de que dependa a Segurança Publica ou o bem do Estado, for indispensavel que algum Senador ou Deputado sáia para outra Commissão, a respectiva Camara o poderá determinar.

Capitulo II
Da Camara dos Deputados

Art. 35.º A Camara dos Deputados he electiva e temporaria.

Art. 36.º He privativa da Camara dos Deputados a Iniciativa.

I. Sobre Impostos.

II. Sobre Recrutamentos.

III. Sobre a escolha da nova Dynastia, no caso da extincção do Imperante.

Art. 37.º Tambem principiaráõ na Camara dos Deputados

I. O Exame da Administração passada, e reforma dos abusos nella introduzidos.

II. A discussão das Propostas, feitas pelo Poder Executivo.

Art. 38.º He da privativa attribuição da mesma Camara decretar que tem lugar a accusação dos Ministros d'Estado e Conselheiros d'Estado.

Art. 39.º Os Deputados venceráõ, durante as Sessões, hum Subsidio pecuniario, taxado no fim da ultima Sessão da Legislatura antecedente. Alem disto se lhes arbitrará huma indemnisação para as despesas da vinda e volta.

Capitulo III.
Do Senado

Art. 40.º O Senado he composto de Membros vitalicios, e será organisado por Eleição Provincial.

Art. 41.º Cada Provincia dará tantos Senadores

quantos forem metade de seus respectivos Deputados, com a differença que, quando o numero dos Deputados da Provincia for impar, o numero dos seus Senadores será metade do numero immediatamente menor, de maneira que a Provincia, que houver de dar onze Deputados, dará cinco Senadores.

Art. 42.º A Provincia que tiver hum só Deputado, elegerá todavia o seu Senador, não obstante a regra acima estabellecida.

Art. 43.º As Eleições serão feitas pela mesma maneira, que as dos Deputados, mas em Listas triplices, sobre as quaes o Imperador escolherá o terço na totalidade da Lista.

Art. 44.º Os Lugares de Senadores, que vagarem, serão preenchidos pela mesma forma da primeira Eleição pela sua respectiva Provincia.

Art. 45.º Para ser Senador requer-se

I. Que seja Cidadão Brasileiro, e que esteja no gozo de seus Direitos Políticos.

II. Que tenha de idade quarenta annos para cima.

III. Que seja pessoa de saber, capacidade e virtudes, com preferencia os que tiverem feito serviços á Patria.

IV. Que tenha de rendimento annual por bens, industria, commercio ou Empregos a somma de oitocentos mil reis.

Art. 46.º Os Principes da Casa Imperial são Senadores por Direito, e terão assento no Senado, logo que chegarem á idade de vinte e cinco annos.

Art. 47.º He da attribuição exclusiva do Senado

I. Conhecer dos delictos individuaes, commettidos pelos Membros da Familia Imperial, Ministros d'Estado, Conselheiros d'Estado, e Senadores; e dos delictos dos Deputados, durante o periodo da Legislatura.

II. Conhecer da responsabilidade dos Secretarios e Conselheiros d'Estado.

III. Expedir Cartas de Convocação da Assemblea, caso o Imperador o não tenha feito dois mezes depois do tempo, que a Constituição determina; para o que se reunirá o Senado extraordinariamente.

IV. Convocar a Assemblea na morte do Imperador para a Eleição da Regencia, nos casos, em que ella tem lugar, quando a Regencia Provisional o não faça.

Art. 48.º No Juizo dos Crimes, cuja accusação não pertence á Camara dos Deputados, accusará o Procurador da Corôa e Soberania Nacional.

Art. 49.º As Sessões do Senado começão e acabão ao mesmo tempo, que as da Camara dos Deputados.

Art. 50.º A' excepção dos casos ordenados pela Constituição, toda a reunião do Senado fóra do tempo das Sessões da Camara dos Deputados he illicita e nulla.

Art. 51.º O Subsidio dos Senadores será de tanto e mais metade, do que tiverem os Deputados.

Capitulo IV.
Da Proposição, Discussão, Sancção, e Promulgação das Leis.

Art. 52.º A proposição, opposição e approvação dos Projectos de Ley compete a cada huma das Camaras.

Art. 53.º O Poder Executivo exerce por qualquer dos Ministros d'Estado a proposição, que lhe compete na formação das Leis; e só depois de examinada por huma Commissão da Camara dos Deputados, aonde deve ter principio, poderá ser convertida em Projecto de Ley.

Art. 54.º Os Ministros podem assistir e discutir a Proposta, depois do relatorio da Commissão; mas não poderão votar, nem estarão presentes à votação, salvo se forem Senadores ou Deputados.

Art. 55.º Se a Camara dos Deputados adoptar o Projecto, o remetterá à dos Senadores com a seguinte

formula = A Camara dos Deputados envia á Camara
dos Senadores a Proposição junta do Poder Executivo (com
emendas ou sem ellas), e pensa que ella tem lugar. =

Art. 56.º Se não poder adoptar a proposição, participará ao Imperador por huma Deputação de sete
Membros da maneira seguinte = A Camara dos Deputados testemunha ao Imperador o seu reconhecimento
pelo zelo, que mostra, em vigiar os interesses do Imperio; e Lhe supplica respeitosamente Digne-Se tomar
em ulterior consideração a Proposta do Governo. =

Art. 57.º Em geral as proposições, que a Camara dos Deputados admittir e approvar, serão remettidas á Camara dos Senadores com a formula seguinte = A Camara dos Deputados envia ao Senado a
Proposição junta, e pensa que tem lugar pedir-se
ao Imperador a Sua Sancção.

Art. 58.º Se porém a Camara dos Senadores
não adoptar inteiramente o Projecto da Camara dos
Deputados, mas se o tiver alterado ou addicionado,
o reenviará pela maneira seguinte = O Senado envia á Camara dos Deputados a Sua Proposição (tal)
com as emendas ou addições juntas, e pensa que com
ellas tem lugar pedir-se ao Imperador a Sancção Imperial.

Art. 59.º Se o Senado, depois de ter deliberado, julga que não pode admittir a Proposição, ou Projecto, dirá nos termos seguintes = O Senado torna a remetter á Camara dos Deputados a Proposição (tal), á qual não tem podido dar o seu consentimento.

Art. 60.º O mesmo praticará a Camara dos Deputados para com a do Senado, quando neste tiver o Projecto a sua origem.

Art. 61.º Se a Camara dos Deputados não approvar as emendas ou addições do Senado, ou vice versa, e todavia a Camara recusante julgar que o Projecto he vantajoso, poderá requerer por huma Deputação de tres Membros a reunião das duas Camaras, que se fará na Camara do Senado; e conforme o resultado da discussão, se seguirá o que for deliberado.

Art. 62.º Se qualquer das duas Camaras, concluida a discussão, adoptar inteiramente o Projecto, que a outra Camara lhe enviou, o reduzirá a Decreto, e depois de lido em Sessão, o dirigirá ao Imperador em dous Autografos, asignados pelo Presidente, e os dous Primeiros Secretarios, pedindo-Lhe a Sua Sancção pela formula seguinte = A Assemblea Geral dirige ao Imperador o Decreto inclusa, que julga vantajoso e util ao Imperio, e pede a Sua Magestade Imperial Se Digne Dar a Sua Sancção.

Art. 63.º Esta remessa será feita por huma Deputação de sete Membros, enviada pela Camara ultimamente deliberante; a qual ao mesmo tempo informará á outra Camara, aonde o Projecto teve origem, que tem adoptado a sua Proposição, relativa a tal objecto, e que a dirigio ao Imperador, pedindo-Lhe a Sua Sancção.

Art. 64.º Recusando o Imperador prestar o Seu consentimento, responderá nos termos seguintes = O Imperador quer meditar sobre o Projecto de Ley para a seu tempo Se resolver. = Ao que a Camara responderá que = Louva a Sua Magestade Imperial o interesse que toma pela Nação.

Art. 65.º Esta denegação tem effeito suspensivo sómente: pelo que todas as vezes que as duas Legislaturas, que se seguirem áquella, que tiver approvado o Projecto, tornem successivamente a apresenta-lo nos mesmos termos, entender-se-ha que o Imperador tem dado a Sancção.

Art. 66.º O Imperador dará ou negará a Sancção em cada Decreto dentro de hum mez, depois que Lhe for apresentado.

Art. 67.º Se o não fizer dentro do mencionado prazo, terá o mesmo effeito, como se expressamente negasse a Sancção, para serem contadas as Legislaturas, em que poderá ainda recusar o seu consentimento, ou reputar-se o Decreto obrigatorio, por haver já negado a Sancção nas duas antecedentes Legislaturas.

Art. 68.º Se o Imperador adoptar o Projecto da Assemblea Geral, se exprimirá assim = O Imperador Consente = Com o que fica sanccionado, e nos termos de ser promulgado como Ley do Imperio; e hum dos dous Autografos, depois de assignados pelo Imperador, será remettido para o Archivo da Câmara, que o enviou; e o outro servirá para por elle se fazer a Promulgação da Ley pela respectiva Secretaria d'Estado, aonde será guardado.

Art. 69.º A formula da Promulgação da Ley será concebida nos seguintes termos = Dom (N.) por Graça de Deos e Unanime Acclamação dos Povos, Imperador Constitucional e Defensor Perpetuo do Brazil, Fazemos saber a todos os Nossos Subditos que a Assemblea Geral decretou, e Nós Queremos a Ley seguinte (a integra da Ley nas suas disposições sómente) Mandamos por tanto a todas as Auctoridades, a quem o conhecimento e execução da referida Ley pertencer, que a cumprão e fação cumprir e guardar tão inteiramente, como nella se contém. O Secretario d'Estado dos Negocios de .... (o da Repartição competente) a faça imprimir, publicar e correr. =

Art. 70.º Assignada a Ley pelo Imperador, referendada pelo Secretario d'Estado competente, e sellada com o Sello do Imperio, se guardará o original no Archivo Publico, e se remetterão os Exemplares della impressos a todas as Camaras do Imperio, Tribunaes, e mais Lugares, aonde convenha fazer-se publica.

Capitulo V.

Dos Conselhos Geraes de Provincia, e suas Attribuições.

Art. 71.º A Constituição reconhece e garante o direito de intervir todo o Cidadão nos negocios da sua Provincia, e que são immediatamente relativos a seus interesses peculiares.

Art. 72.º Este direito será exercitado pelas Camaras dos Districtos, e pelos Conselhos, que com o titulo de = Conselho Geral da Provincia = se devem estabelecer em cada Provincia, aonde não estiver collocada a Capital do Imperio.

Art. 73.º Cada hum dos Conselhos Geraes constará de vinte e hum Membros nas Provincias mais populosas, como sejão Pará, Maranhão, Ceará, Pernambuco,

Bahia, Minas Geraes, São Paulo, e Rio Grande do Sul, e nas outras de treze Membros.

Art. 74.º A sua Eleição se fará na mesma occasião e da mesma maneira, que se fizer a dos Representantes da Nação, e pelo tempo de cada Legislatura.

Art. 75.º A idade de vinte e cinco annos, probidade e decente subsistencia são as qualidades necessarias para ser Membro destes Conselhos.

Art. 76.º A sua reunião se fará na Capital da Provincia, e na primeira Sessão preparatoria nomearão Presidente, Vice-Presidente, Secretario e Supplente, que servirão por todo o tempo da Sessão: examinarão, e verificarão a legitimidade da Eleição dos seus Membros.

Art. 77.º Todos os annos haverá Sessão, e durará dois mezes, podendo prorogar-se por mais hum mez, se nisso convier a maioridade do Conselho.

Art. 78.º Para haver Sessão deverá achar-se reunida mais da metade do numero dos seus Membros.

Art. 79.º Não podem ser eleitos para Membros do Conselho Geral o Presidente da Provincia, o Secretario, e o Commandante das Armas.

Art. 80.º O Presidente da Provincia assistirá á installação do Conselho Geral, que se fará no primeiro dia de

Dezembro, e terá assento igual ao do Presidente do Conselho, e á sua direita; e ahi dirigirá o Presidente da Provincia sua falla ao Conselho, instruindo-o do estado dos negocios publicos, e das providencias, que á mesma Provincia mais precisa para seu melhoramento.

Art. 81.º Estes Conselhos terão por principal objecto propôr, discutir e deliberar sobre os negocios mais interessantes das suas Provincias; formando Projectos peculiares e acommodados ás suas localidades e urgencias.

Art. 82.º Os negocios, que começarem nas Camaras, serão remettidos officialmente ao Secretario do Conselho, aonde serão discutidos a portas abertas, bem como os que tiverem origem nos mesmos Conselhos. As suas resoluções serão tomadas á pluralidade absoluta de votos dos Membros presentes.

Art. 83.º Não se podem propôr nem deliberar nestes Conselhos Projectos

I. Sobre interesses geraes da Nação.

II. Sobre quaesquer ajustes de humas com outras Provincias.

III. Sobre imposições, cuja Iniciativa he da competencia particular da Camara dos Deputados. Art. 36.º

IV. Sobre execução de Leis, devendo porem dirigir a este respeito Representações motivadas á Assemblea Geral e ao Poder Executivo conjunctamente.

Art. 34.º As Resoluções dos Conselhos Geraes de Provincia serão remettidas directamente ao Poder Executivo pelo intermedio do Presidente da Provincia.

Art. 35.º Se a Assemblea Geral se achar a esse tempo reunida, lhe serão immediatamente enviadas pela respectiva Secretaria de Estado, para serem propostas como Projectos de Lei, e obter a approvação da Assemblea por huma unica discussão em cada Camara.

Art. 36.º Não se achando a esse tempo reunida a Assemblea, o Imperador as mandará provisoriamente executar, se julgar que ellas são dignas de prompta providencia, pela utilidade, que de sua observancia resultará ao bem geral da Provincia.

Art. 37.º Se porem não occorrerem essas circunstancias, o Imperador declarará que = Suspende o seu juizo a respeito daquelle negocio = Ao que o Conselho responderá que = recebeo mui respeitosamente a resposta de Sua Magestade Imperial. =

Art. 38.º Logo que a Assemblea Geral se reunir, lhe serão enviadas assim essas Resoluções suspensas, como as que estiverem em execução, para serem discutidas e deliberadas, na forma do Art. 35.º

Art. 39.º O methodo de proseguirem os Conselhos Geraes

de Província em seus trabalhos, e sua Policia interna e externa, tudo se regulará por hum Regimento, que lhes será dado pela Assemblea Geral.

Capitulo VI
Das Eleições

Art. 90º. As Nomeações dos Deputados e Senadores para a Assemblea Geral, e dos Membros dos Conselhos Geraes das Províncias serão feitas por Eleições indirectas, elegendo a massa dos Cidadãos activos em Assembleas Parochiaes os Eleitores de Província, e estes os Representantes da Nação e Província.

Art. 91º. Tem voto nestas Eleições primarias

I. Os Cidadãos Brasileiros, que estão no gozo de seus direitos politicos.

II. Os Estrangeiros naturalisados.

Art. 92º. São excluidos de votar nas Assembleas Parochiaes

I. Os menores de vinte e cinco annos, nos quaes se não comprehendem os Casados e Officiaes Militares, que forem maiores de vinte e hum annos, os Bachareis Formados, e Clerigos de Ordens Sacras.

II. Os filhos familias, que estiverem na companhia de seus Pays, salvo se servirem Officios Publicos.

III. Os Criados de servir, em cuja classe não entrão os Guarda-Livros, e primeiros Caixeiros de Casas de Commercio; os Criados da Casa Imperial, que não forem de galão branco; e os Administradores das Fazendas ruraes, e fabricas.

IV. Os Religiosos, e quaesquer que vivão em Communidade Claustral.

V. Os que não tiverem de renda liquida annual cem mil reis por bens de raiz, industria, commercio, ou Empregos.

Art. 93.º Os que não podem votar nas Assembleas Primarias de Parochia, não podem ser Membros, nem votar na nomeação de alguma Auctoridade electiva Nacional ou local.

Art. 94.º Podem ser Eleitores, e votar na Eleição dos Deputados, Senadores, e Membros dos Conselhos de Provincia todos os que podem votar na Assemblea Parochial. Exceptuão-se

I. Os que não tiverem de renda liquida annual duzentos mil reis por bens de raiz, industria, commercio ou Emprego.

II. Os Libertos.

III. Os criminosos pronunciados em queréla ou devassa.

Art. 95.º Todos os que podem ser Eleitores, são hábeis para serem nomeados Deputados. Exceptuão-se

I. Os que não tiverem quatrocentos mil reis de renda liquida, na forma dos artigos 22 e 24.

II. Os Estrangeiros naturalisados.

III. Os que não professarem a Religião do Estado.

Art. 96.º Os Cidadãos Brasileiros em qualquer parte, que existão, são elegíveis em cada Districto Eleitoral para Deputados ou Senadores; ainda quando ahi não sejão nascidos, residentes, ou domiciliados.

Art. 97.º Huma Ley regulamentar marcará o modo pratico das Eleições, e o numero dos Deputados relativamente à população do Imperio.

Título V.
Do Imperador.

Capitulo I.
Do Poder Moderador.

Art. 98.º O Poder Moderador he a chave de toda a organisação Politica, e he delegado privativamente ao Imperador, como Chefe Supremo da Nação, e Seu Primeiro Representante, para que incessantemente vele sobre a manutenção da Independencia, equilibrio e harmonia dos mais Poderes Politicos.

Art. 99.º A Pessoa do Imperador he inviolavel, e Sagrada. Elle não está sujeito a responsabilidade alguma.

Art. 100.º Os Seus Titulos são = Imperador Constitucional e Defensor Perpetuo do Brazil = e tem o Tratamento de Magestade Imperial.

Art. 101.º O Imperador exerce o Poder Moderador

I. Nomeando os Senadores na fórma do Artigo 43.º

II. Convocando a Assemblea Geral extraordinariamente nos intervalos das Sessões, quando assim o pede o bem do Imperio.

III. Sanccionando os Decretos e Resoluções da Assemblea Geral, para que tenhão força de Ley: Art. 62.º

IV. Approvando e suspendendo interinamente as Resoluções dos Conselhos Provinciaes: Art. 86.º e 87.º

V. Prorogando ou adiando a Assemblea Geral, e dissolvendo a Camara dos Deputados, nos casos, em que o exigir a Salvação do Estado; convocando immediatamente outra, que a substitúa.

VI. Nomeando e demittindo livremente os Ministros

d'Estado.

VII. Suspendendo os Magistrados, nos casos do Artigo 154.º

VIII. Perdoando e moderando as penas impostas aos Réos condemnados por Sentença.

IX. Concedendo Amnistia em caso urgente, e que assim aconselhem a humanidade e bem do Estado.

Capitulo II.
Do Poder Executivo

Art. 102.º O Imperador he o Chefe do Poder Executivo, e o exercita pelos Seus Ministros d'Estado.

São Suas principaes Attribuições

I. Convocar a nova Assemblea Geral Ordinaria no dia tres de Junho do terceiro anno da Legislatura existente.

II. Nomear Bispos, e prover os Beneficios Ecclesiasticos.

III. Nomear Magistrados.

IV. Prover os mais Empregos Civis e Politicos.

V. Nomear os Commandantes da Força de Terra e Mar, e removê-los, quando assim o pedir o serviço da Nação.

VI. Nomear Embaixadores, e mais Agentes Diplomaticos e Commerciaes.

VII. Dirigir as Negociações Politicas com as Nações Estrangeiras.

VIII. Fazer Tratados de Alliança offensiva e defensiva, de Subsidio e Commercio, levando-os depois de concluidos ao conhecimento da Assemblea Geral, quando o interesse e segurança do Estado o permittirem. Se os Tratados, concluidos em tempo de paz, involverem cessão ou troca de Territorio do Imperio, ou de Possessões, a que o Imperio tenha direito, não serão ratificados, sem terem sido approvados pela Assemblea Geral.

IX. Declarar a guerra, e fazer a paz, participando à Assemblea as communicações, que forem compativeis com os interesses e segurança do Estado.

X. Conceder Cartas de Naturalisação na fórma da Ley.

XI. Conceder Titulos, Honras, Ordens Militares, e Distincções em recompensa de Serviços feitos ao Estado; dependendo as Mercês pecuniarias da approvação da Assemblea, quando não estiverem já designadas e taxadas por Ley.

XII. Expedir os Decretos, Instrucções e Regulamentos

adequados à boa execução das Leis.

XIII. Decretar a applicação dos rendimentos destinados pela Assemblea aos varios ramos da publica Administração.

XIV. Conceder, ou negar o Beneplacito aos Decretos dos Concilios e Letras Apostolicas, e quaesquer outras Constituições Ecclesiasticas, que se não oppozerem à Constituição; e precedendo approvação da Assemblea, se contiverem disposição geral.

XV. Prover a tudo, que for concernente à segurança interna e externa do Estado, na fórma da Constituição.

Art. 103.º O Imperador, antes de ser acclamado, prestará nas mãos do Presidente do Senado, reunidas as duas Camaras, o seguinte Juramento: = Juro manter a Religião Catholica Apostolica Romana, a integridade e indivisibilidade do Imperio; observar e fazer observar a Constituição Politica da Nação Brazileira, e mais Leis do Imperio, e prover ao bem geral do Brazil, quanto em Mim couber. =

Art. 104.º O Imperador não poderá sahir do Imperio do Brazil, sem o consentimento da Assemblea Geral; e se o fizer, se entenderá que abdicou a Corôa.

Capitulo III.

Da Familia Imperial, e Sua Dotação.

Art. 105.º O Herdeiro Presumptivo do Imperio terá o Titulo de = Principe Imperial = e o seu Primogenito o de = Principe do Grão Pará = todos os mais terão o de = Principes =. O Tratamento do Herdeiro Presumptivo será o de = Alteza Imperial =; e o mesmo será o do Principe do Grão Pará: os outros Principes terão o Tratamento de = Alteza =.

Art. 106.º O Herdeiro Presumptivo, em completando quatorze annos de idade, prestará nas mãos do Presidente do Senado, reunidas as duas Camaras, o seguinte Juramento = Juro manter a Religião Catholica Apostolica Romana; observar a Constituição Politica da Nação Brasileira; e ser obediente às Leis, e ao Imperador.

Art. 107.º A Assemblea Geral, logo que o Imperador succeder no Imperio, lhe assignará, e à Imperatriz Sua Augusta Esposa, huma Dotação correspondente ao decoro da Sua Alta Dignidade.

Art. 108.º A Dotação assignada ao presente Imperador e à Sua Augusta Esposa deverá ser augmentada; visto que as circunstancias actuaes não permittem que se fixe desde já huma somma adequada ao decoro de Suas

Augustas Pessoas, e Dignidade da Nação.

Art. 109.º A Assemblea assignará tambem Alimentos ao Principe Imperial e aos de mais Principes, desde que nascerem. Os Alimentos dados aos Principes cessarão somente, quando elles sahirem para fóra do Imperio.

Art. 110.º Os Mestres dos Principes serão da escolha e nomeação do Imperador; e a Assemblea lhes designará os Ordenados, que deverão ser pagos pelo Thesouro Nacional.

Art. 111.º Na primeira Sessão de cada Legislatura a Camara dos Deputados exigirá dos Mestres huma Conta do estado do adiantamento dos seus Augustos Discipulos.

Art. 112.º Quando as Princezas houverem de casar, a Assemblea lhes assignará o seu Dote; e com a entrega delle cessarão os Alimentos.

Art. 113.º Aos Principes, que se casarem, e forem residir fóra do Imperio, se entregará por huma vez sómente huma quantia determinada pela Assemblea; com o que cessarão os Alimentos, que percebião.

Art. 114.º A Dotação, Alimentos, e Dotes, de que fallão os Artigos antecedentes, serão pagos pelo Thesouro Publico, entregues a hum Mordomo nomeado pelo Imperador, com quem se poderão tratar as Acções activas e passivas, concernentes aos interesses da Casa Imperial.

Art. 115.º Os Palacios e Terrenos Nacionaes, possuidos actualmente pelo Senhor Dom Pedro Primeiro, ficarão sempre pertencendo a Seus Successores: e a Nação cuidará nas acquisições e construcções, que julgar convenientes, para a decencia e recreio do Imperador e Sua Familia.

Capitulo IV.
Da Successão do Imperio.

Art. 116.º O Senhor Dom Pedro Primeiro, por Unanime Acclamação dos Povos actual Imperador Constitucional e Defensor Perpetuo, Imperará sempre no Brazil.

Art. 117.º Sua Descendencia legitima succederá no Throno, segundo a ordem regular de primogenitura e representação, preferindo sempre a linha anterior ás posteriores; na mesma linha o gráo mais propinquo ao mais remoto; no mesmo gráo, o sexo masculino ao feminino; no mesmo sexo, a pessoa mais velha á mais moça.

Art. 118.º Extinctas as linhas dos Descendentes legitimos do Senhor Dom Pedro Primeiro, ainda em vida do ultimo Descendente, e durante o Seu Imperio, escolherá a Assemblea Geral a nova Dynastia.

Art. 119.º Nenhum Estrangeiro poderá succeder na

Coroa do Imperio do Brasil.

Art. 120.º O Casamento da Princeza Herdeira Presumptiva da Coroa será feito a aprazimento do Imperador; não existindo Imperador ao tempo, em que se tratar deste Consorcio, não poderá elle effectuar-se, sem approvação da Assemblea Geral. Seu Marido não terá parte no Governo, e sómente se chamará Imperador, depois que tiver da Imperatriz filho ou filha.

Capitulo V.

Da Regencia na menoridade, ou impedimento do Imperador.

Art. 121.º O Imperador he menor até a idade de desoito annos completos.

Art. 122.º Durante a sua menoridade, o Imperio será governado por huma Regencia, a qual pertencerá ao Parente mais chegado do Imperador, segundo a ordem da Successão, e que seja maior de vinte e cinco annos.

Art. 123.º Se o Imperador não tiver Parente algum, que reuna estas qualidades, será o Imperio governado por huma Regencia permanente, nomeada pela Assemblea Geral, composta de tres Membros, dos quaes o mais velho em idade será o Presidente.

Art. 124.º Em quanto esta Regencia se não eleger, governará o Imperio huma Regencia Provisional, composta dos Ministros d'Estado do Imperio e da Justiça, e dos dois Conselheiros d'Estado mais antigos em exercicio, presidida pela Imperatriz Viuva, e na sua falta pelo mais antigo Conselheiro d'Estado.

Art. 125.º No caso de fallecer a Imperatriz Imperante, será esta Regencia presidida por Seu Marido.

Art. 126.º Se o Imperador por causa fysica ou moral, evidentemente reconhecida pela pluralidade de cada huma das Camaras da Assemblea, se impossibilitar para governar; em seu lugar governará, como Regente, o Principe Imperial, se for maior de desoito annos.

Art. 127.º Tanto o Regente, como a Regencia fará o Juramento mencionado no Artigo 103.º, accrescentando a clausula de fidelidade ao Imperador, e de Lhe entregar o Governo, logo que Elle chegar à maioridade, ou cessar o Seu impedimento.

Art. 128.º Os Actos da Regencia e do Regente serão expedidas em nome do Imperador pela formula seguinte = Manda a Regencia em Nome do Imperador... = Manda o Principe Imperial Regente em Nome do Imperador =

Art. 129.º Nem a Regencia, nem o Regente será responsavel.

Art. 130.º Durante a menoridade do Successor da Coroa, será seu Tutor quem seu Pay lhe tiver nomeado em Testamento; na falta deste, a Imperatriz Mãy, em quanto não tornar a casar; faltando esta, a Assemblea Geral nomeará Tutor, com tanto que nunca poderá ser Tutor do Imperador menor aquelle, a quem possa tocar a Successão da Coroa na sua falta.

Capitulo VI.

Do Ministerio

Art. 131.º Haverá differentes Secretarias d'Estado. A Ley designará os negocios pertencentes a cada huma, e seu numero; as reunirá ou separará, como mais convier.

Art. 132.º Os Ministros d'Estado referendarão, ou assignarão todos os Actos do Poder Executivo, sem o que não poderão ter execução.

Art. 133.º Os Ministros d'Estado são responsaveis

I. Por traição.

II. Por peita, suborno, ou concussão.

III. Por abuso do Poder.

IV. Pela falta de observancia da Ley.

V. Pelo que obrarem contra a Liberdade, Segurança, ou Propriedade dos Cidadãos.

VI. Por qualquer dissipação dos Bens Publicos.

Art. 134.º Huma Ley particular especificará a natureza destes delictos, e a maneira de proceder contra elles.

Art. 135.º Não salva aos Ministros da responsabilidade a Ordem do Imperador, vocal ou por escripto.

Art. 136.º Os Estrangeiros, posto que naturalisados, não podem ser Ministros d'Estado.

Capitulo VII.

Do Conselho d'Estado.

Art. 137.º Haverá hum Conselho d'Estado, composto de Conselheiros vitalicios, nomeados pelo Imperador.

Art. 138.º O seu numero não excederá a dez.

Art. 139.º Não são comprehendidos neste numero os Ministros d'Estado, nem estes serão reputados Conselheiros d'Estado, sem especial nomeação do Imperador para este Cargo.

Art. 140.º Para ser Conselheiro d'Estado requerem-se as mesmas qualidades, que devem concorrer para ser Senador.

Art. 141.º Os Conselheiros d'Estado, antes de tomarem posse, prestarão Juramento nas mãos do Imperador de = manter a Religião Catholica Apostolica Romana; observar a Constituição, e as Leis; ser fieis ao Imperador; aconselha-lo segundo suas consciencias, attendendo sómente ao bem da Nação.

Art. 142.º Os Conselheiros serão ouvidos em todos os negocios graves, e medidas geraes da publica Administração, principalmente sobre a declaração da Guerra, ajustes de Paz, negociações com as Nações Estrangeiras; assim como em todas as occasiões, em que o Imperador se proponha exercer qualquer das Attribuições proprias do Poder Moderador, indicadas no Artigo 101.º, á excepção da VI.

Art. 143.º São responsaveis os Conselheiros d'Estado pelos Conselhos, que dérem, oppostos ás Leis, e ao interesse do Estado, manifestamente dolosos.

Art. 144.º O Principe Imperial, logo que tiver dezoito annos completos, será de Direito do Conselho de Estado: os demais Principes da Caza Imperial, para entrarem no Conselho d'Estado, ficão dependentes da Nomeação do Imperador. Estes e o Principe Imperial não entrão no numero marcado no Artigo 138.º

Capitulo VIII.

Da Força Militar.

Art. 145.º Todos os Brasileiros são obrigados a pegar em armas, para sustentar a Independencia e Integridade do Imperio, e defende-lo dos seus inimigos externos e internos.

Art. 146.º Em quanto a Assemblea Geral não designar a Força Militar permanente de mar e terra, subtituirà a que então houver, até que pela mesma Assemblea seja alterada para mais, ou para menos.

Art. 147.º A Força Militar he essencialmente obediente; jámais se poderà reunir, sem que lhe seja ordenado pela Auctoridade legitima.

Art. 148.º Ao Poder Executivo compete privativamente empregar a Força Armada, de Mar e Terra, como bem lhe parecer conveniente à segurança e defesa do Imperio.

Art. 149.º Os Officiaes do Exercito, e Armada não podem ser privados das suas Patentes, se não por Sentença proferida em Juizo competente.

Art. 150.º Huma Ordenança especial regulará a organisação do Exercito do Brazil, suas Promoções, Soldos, e Disciplina, asim como da Força Naval.

Titulo VI.

Do Poder Judicial.

Capitulo unico.

Dos Juizes e Tribunaes de Justiça.

Art. 151.º O Poder Judicial he independente, e será composto de Juizes e Jurados, os quaes terão lugar assim no Civel como no Crime, nos casos e pelo modo, que os Codigos determinarem.

Art. 152.º Os Jurados pronuncião sobre o facto, e os Juizes applicão a Ley.

Art. 153.º Os Juizes de Direito serão perpetuos, o que todavia se não entende que não possão ser mudados de huns para outros Lugares pelo tempo e maneira, que a Ley determinar.

Art. 154.º O Imperador poderá suspende-los por queixas contra elles feitas, precedendo audiencia dos mesmos Juizes, informação necessaria, e ouvido o Conselho d'Estado. Os Papeis, que lhes são concernentes, serão remettidos à Relação do respectivo Districto, para proceder na fórma da Ley.

Art. 155.º Só por Sentença poderão estes Juizes perder o Lugar.

Art. 156.º Todos os Juizes de Direito, e os Officiaes de Justiça serão responsaveis pelos abusos do poder, e prevaricações, que commetterem no exercicio de seus Empregos: esta responsabilidade se fará effectiva por Ley regulamentar.

Art. 157.º Por soborno, peita, peculato e concussão haverá contra elles Acção popular, que poderá ser intentada dentro de anno e dia pelo proprio queixoso, ou por qualquer do Povo, guardada a ordem do Processo estabellecida na Ley.

Art. 158.º Para julgar as Causas em segunda e ultima instancia haverá nas Provincias do Imperio as Relações, que forem necessarias para commodidade dos Povos.

Art. 159.º Nas Causas Crimes a'inquirição das Testemunhas e todos os mais actos do Processo, depois da pronuncia, serão publicos desde já.

Art. 160.º Nas Civeis e nas Penaes civilmente intentadas poderão as Partes nomear Juizes Arbitros. Suas Sentenças serão executadas sem recurso, se assim o convencionarem as mesmas Partes.

Art. 161.º Sem se fazer constar que se tem intentado o meio de reconciliação, não se começará Processo algum.

Art. 162.º Para este fim haverá Juizes de Paz, os quaes serão electivos pelo mesmo tempo e maneira, por que se elegem os Vereadores das Camaras. Suas attribuições e Districtos serão regulados por Ley.

Art. 163.º Na Capital do Imperio, alem da Relação, que deve existir, assim como nas demais Provincias, haverá tambem hum Tribunal com a denominação de = Supremo Tribunal de Justiça = composto de Juizes Letrados, tirados das Relações por suas antiguidades; e serão condecorados com o Titulo do Conselho. Na primeira organisação poderão ser empregados neste Tribunal os Ministros daquelles, que se houverem de abolir.

Art. 164.º A este Tribunal compete.

I. Conceder ou denegar Revistas nas Causas, e pela maneira, que a Ley determinar.

II. Conhecer dos delictos e erros de Officio, que commetterem os seus Ministros, os das Relações, os Empregados no Corpo Diplomatico, e os Presidentes das Provincias.

III. Conhecer e decidir sobre os conflictos de Jurisdicção e competencia das Relações Provinciaes.

Titulo VIJ.

Da Administração e Economia das Provincias.

Capitulo I.
Da Administração.

Art. 165.º Haverá em cada Provincia hum Presidente, nomeado pelo Imperador, que o poderá remover quando entender que assim convem ao bom serviço do Estado.

Art. 166.º A Ley designará as suas attribuições, competencias, e auctoridade, e quanto convier ao melhor desempenho desta Administração.

Capitulo II.
Das Camaras.

Art. 167.º Em todas as Cidades e Villas ora existentes, e nas mais que para o futuro se crearem, haverá Camaras, ás quaes compete o Governo Economico e Municipal das mesmas Cidades e Villas.

Art. 168.º As Camaras serão electivas e compostas do numero de Vereadores, que a Ley designar; e o que obtiver maior numero de votos, será Presidente.

Art. 169.º O Exercicio de suas funcções municipaes, formação das suas Posturas policiaes, applicação das suas rendas, e todas as suas particulares e uteis attribuições, serão decretadas por huma Ley regulamentar.

Capitulo III

Da Fazenda Nacional

Art. 170.º A Receita e Despeza da Fazenda Nacional será encarregada a hum Tribunal, debaixo do nome de = Thesouro Nacional =, aonde em diversas Estações, devidamente estabellecidas por Ley, se regulará a sua administração, arrecadação e contabilidade, em reciproca correspondencia com as Thesourarias, e auctoridades das Provincias do Imperio.

Art. 171.º Todas as Contribuições directas, á excepção daquellas, que estiverem applicadas aos juros e amortização da Divida Publica, serão annualmente estabellecidas pela Assemblea Geral; mas continuarão, até que se publique a sua derogação, ou sejão substituidas por outras.

Art. 172.º O Ministro d'Estado da Fazenda, havendo recebido dos outros Ministros os orçamentos relativos ás Despezas das suas Repartições, apresentará na Camara dos Deputados annualmente, logo que esta estiver reunida, hum Balanço Geral da Receita e Despeza do

Thesouro Nacional do anno antecedente, e igualmente o Orçamento Geral de todas as Despesas Publicas do anno futuro, e da importancia de todas as Contribuições e Rendas Publicas.

Titulo 8.º

Das Disposições geraes, e Garantias dos Direitos Civis e Politicos dos Cidadãos Brasileiros.

Art. 173.º A Assemblea Geral no principio das suas Sessões examinará se a Constituição Politica do Estado tem sido exactamente observada, para prover como for justo.

Art. 174.º Se passados quatro annos, depois de jurada a Constituição do Brazil, se conhecer que algum dos seus Artigos merece reforma, se fará a proposição por escripto, a qual deve ter origem na Camara dos Deputados, e ser apoiada pela terça parte delles.

Art. 175.º A proposição será lida por tres vezes com intervallos de seis dias, de huma à outra leitura; e depois da terceira, deliberará a Camara dos Deputados se poderá ser admittida à discussão; seguindo-se tudo o mais, que he preciso para a formação de huma Ley.

Art. 176.º Admittida a discussão, e vencida a necessidade da reforma de Artigo Constitucional, se expedirá Ley, que será sanccionada e promulgada pelo Imperador em forma ordinaria; e na qual se ordenará aos Eleitores dos Deputados para a seguinte Legislatura que nas Procurações lhes conferão especial faculdade para a pertendida alteração ou reforma.

Art. 177.º Na seguinte Legislatura e na primeira Sessão será a materia proposta e discutida; e o que se vencer prevalecerá para a mudança ou addição à Ley fundamental; e juntando-se à Constituição, será solemnemente promulgada.

Art. 178.º He só Constitucional o que diz respeito aos limites e attribuições respectivas dos Poderes Politicos, e aos Direitos Politicos e individuaes dos Cidadãos. Tudo o que não he Constitucional pode ser alterado sem as formalidades referidas pelas Legislaturas ordinarias.

Art. 179.º A inviolabilidade dos Direitos Civis e Politicos dos Cidadãos Brasileiros, que tem por base a liberdade, a segurança individual, e a propriedade, he garantida pela Constituição do Imperio pela maneira seguinte.

I. Nenhum Cidadão pode ser obrigado a fazer, ou deixar de fazer alguma cousa; senão em virtude da Ley.

II. Nenhuma Ley será estabellecida sem utilidade publica.

III. A sua disposição não terá effeito retroactivo.

IV. Todos podem communicar os seus pensamentos por palavras, e escriptos, e publica-los pela Imprensa, sem dependencia de censura; com tanto que hajão de responder pelos abusos, que commetterem no exercicio deste Direito, nos casos, e pela fórma, que a Ley determinar.

V. Ninguem póde ser perseguido por motivo de Religião, huma vez que respeite a do Estado, e não offenda a Moral Publica.

VI. Qualquer póde conservar-se, ou sahir do Imperio, como lhe convenha, levando com sigo os seus bens, guardados os Regulamentos Policiaes, e salvo o prejuizo de terceiro.

VII. Todo o Cidadão tem em sua Casa hum asilo inviolavel. De noute não se poderá entrar nella, se não por seu consentimento, ou para o defender de incendio, ou inundação; e de dia só será franqueada a sua entrada nos casos e pela maneira, que a Ley determinar.

VIII. Ninguem poderá ser prezo sem culpa formada, excepto nos casos declarados na Ley; e nestes dentro de vinte e quatro horas, contadas da entrada na prizão, sendo em Cidades, Villas, ou outras Povoações proximas aos Lugares da residencia do Juiz; e nos Lugares remotos

dentro de hum prazo razoavel, que a Ley marcará, attenta
a extensão do territorio; o Juiz por huma Nota, por elle
assignada, fará constar ao Réo o motivo da prizão, os nomes do seu Accusador, e os das Testemunhas, havendoas.

IX. Ainda com Culpa formada, ninguem será conduzido á prizão, ou nella conservado, estando já prezo, se
prestar Fiança idonea nos casos, que a Ley a admitte;
e em geral nos crimes, que não tiverem maior pena,
do que a de seis mezes de prizão, ou desterro para fóra da Comarca, poderá o Réo livrar-se solto.

X. A' excepção de flagrante delicto, a prizão não pode ser executada, senão por ordem escripta pela Auctoridade legitima. Se esta for arbitraria, o Juiz,
que a deo, e quem a tiver requerido, serão punidos com
as penas, que a Ley determinar.

O que fica disposto ácerca da prizão antes de Culpa
formada, não comprehende as Ordenanças Militares,
estabellecidas como necessarias á Disciplina e Recrutamento do Exercito; nem os casos, que não são puramente criminaes, e em que a Ley determina todavia
a prizão de alguma pessoa, por desobedecer aos mandados da Justiça, ou não cumprir alguma obrigação dentro de determinado prazo.

XI. Ninguem será sentenciado, se não pela Aucto ridade competente, por virtude de Ley anterior, e na fórma por ella prescripta.

XII. Será mantida a independencia do Poder Judicial. Nenhuma Auctoridade poderá avocar as Causas pendentes, susta-las, ou fazer reviver os Processos findos.

XIII. A Ley será igual para todos, quer proteja, quer castigue; e recompensará em proporção dos merecimentos de cada hum.

XIV. Todo o Cidadão pode ser admittido aos Cargos Publicos Civis, Politicos, ou Militares, sem outra differença, que não seja a dos seus talentos e virtudes.

XV. Ninguem será isento de contribuir para as Despezas do Estado em proporção dos seus haveres.

XVI. Ficão abolidos todos os Privilegios, que não forem essencial e inteiramente ligados aos Cargos, por utilidade publica.

XVII. A' excepção das Causas, que por sua natureza pertencem a Juizos particulares, na conformidade das Leis; não haverá Foro privilegiado, nem Commissões especiaes nas Causas Civeis ou Crimes.

XVIII. Organizar-se há quanto antes hum Codigo Civil e Criminal, fundado nas solidas bases da Justiça e Equidade.

XIX. Desde já ficão abolidos os açoutes, a tortura, a

marca de ferro quente; e todas as mais penas crueis.

XX. Nenhuma pena passará da pessoa do Delinquente. Por tanto não haverá em caso algum Confiscação de bens; nem a infamia do Réo se transmittirá aos parentes em qualquer gráo, que seja.

XXI. As Cadeas serão seguras, limpas, e bem arejadas, havendo diversas Casas para separação dos Réos, conforme suas circunstancias e natureza dos seus crimes.

XXII. He garantido o Direito de Propriedade em toda a sua plenitude. Se o Bem Publico legalmente verificado exigir o uso e emprego da Propriedade do Cidadão, será elle previamente indemnisado do valor della. A Ley marcará os casos, em que terá lugar esta unica excepção, e dará as regras para se determinar a indemnisação.

XXIII. Tambem fica garantida a Divida Publica.

XXIV. Nenhum genero de trabalho, de cultura, industria, ou commercio pode ser prohibido, huma vez que não se opponha aos costumes publicos, à segurança e saude dos Cidadãos.

XXV. Ficão abolidas as Corporações de Officios, seus Juizes, Escrivães, e Mestres.

XXVI. Os Inventores terão a Propriedade das suas descobertas, ou das suas producções. A Ley lhes assegurará hum Privilegio exclusivo temporario, ou lhes remunerará em resarcimento da perda, que hajão de soffrer pela vulgarisação.

XXVII. O Segredo das Cartas he inviolavel. A Administração do Correio fica rigorosamente responsavel por qualquer infracção deste Artigo.

XXVIII. Ficão garantidas as recompensas conferidas pelos serviços feitos ao Estado, quer Civis, quer Militares; assim como o direito adquirido a ellas na fórma das Leis.

XXIX. Os Empregados Publicos são strictamente responsaveis pelos abusos e ommissões praticadas no exercicio das suas funcções, e por não fazerem effectivamente responsaveis aos seus Subalternos.

XXX. Todo o Cidadão poderá apresentar por escripto ao Poder Legislativo e ao Executivo reclamações, queixas, ou petições, e até expôr qualquer infracção da Constituição, requerendo perante a competente Auctoridade a effectiva responsabilidade dos infractores.

XXXI. A Constituição tambem garante os Soccorros Publicos.

XXXII. A Instrucção primaria e gratuita a todos os Cidadãos.

XXXIII. Collegios e Universidades, aonde serão ensinados os Elementos das Sciencias, Bellas Letras, e Artes.

XXXIV. Os Poderes Constitucionaes não podem suspender a Constituição no que diz respeito aos Direitos individuaes, salvo nos casos, e circumstancias especificadas no §. seguinte.

XXXV. Nos casos de Rebellião ou Invasão de inimigos, pedindo a Segurança do Estado que se dispensem por tempo determinado algumas das formalidades, que garantem a Liberdade individual, poder-se-ha fazer por Acto especial do Poder Legislativo. Não se achando porém a esse tempo reunida a Assemblea, e correndo a Patria perigo imminente, poderá o Governo exercer esta mesma providencia, como medida provisoria e indispensavel; suspendendo-a immediatamente que cesse a necessidade urgente, que a motivou; devendo n'hum e n'outro caso remetter à Assemblea, logo que reunida for, huma relação motivada das prizões e d'outras medidas de prevenção tomadas; e quaesquer Auctoridades, que tiverem mandado proceder a ellas, serão responsaveis pelos abusos, que tiverem praticado a esse respeito. Rio de Janeiro 11. de Dezembro de 1823.

João Severiano Maciel da Costa

Luiz José de Carvalho e Mello

Marianno José Pereira da Fonseca.

João Gomes da Silveira Mendonça.

Francisco Villela Barbosa.

Barão de Santo Amaro.

Antonio Luiz Pereira da Cunha.

Manoel Jacinto Nogueira da Gama.

José Joaquim Carneiro de Campos.

Mandamos por tanto a todas as Auctoridades, a
quem o conhecimento, e execução desta Constituição pertencer, que a jurem e façaõ jurar, e cumpraõ, e façaõ
cumprir, e guardar tão inteiramente, como nella se contem. O Secretario d'Estado dos Negocios do Imperio a
faça imprimir, publicar e correr. Dada na Cidade do
Rio de Janeiro aos vinte e cinco de Março de mil oitocentos e vinte quatro, terceiro da Independencia, e do
Imperio.

Imperador

João Severiano Maciel da Costa

Carta de Ley pela qual

rial Manda cumprir e guardar inteiramente a Constituição Politica do Imperio do Brazil, que Vossa Magestade Imperial Jurou, Annuindo ás Representações
dos Povos.

Para Vossa Magestade Imperial Ver.

Reg.da na Secretaria d'Estado dos Negocios do Imperio a fl.ª de L.º 1.º de Leis, Alvarás e Cartas Regias. Rio de Janeiro em 22 d'Abril de 1824.

José Antonio d'Alvarenga Pimentel.

Luiz Joaquim dos Santos Marrocos a fez

rial Manda cumprir e guardar inteiramente a Constituição Politica do Imperio do Brazil, que Vossa Magestade Imperial Jurou, Annuindo ás Representações
dos Povos.

    Para Vossa Magestade Imperial Ver.

Reg.do na Secretaria d'Estado dos
Negocios do Imperio a S.M.ce do
L.o 1.o de Leis, Alvarás e Cartas
Regias. Rio de Janeiro em 22
d'Abril de 1824.
Jozé Antonio d'Alvarenga Pimentel.

Luiz Joaquim dos Santos Marrocos a fez

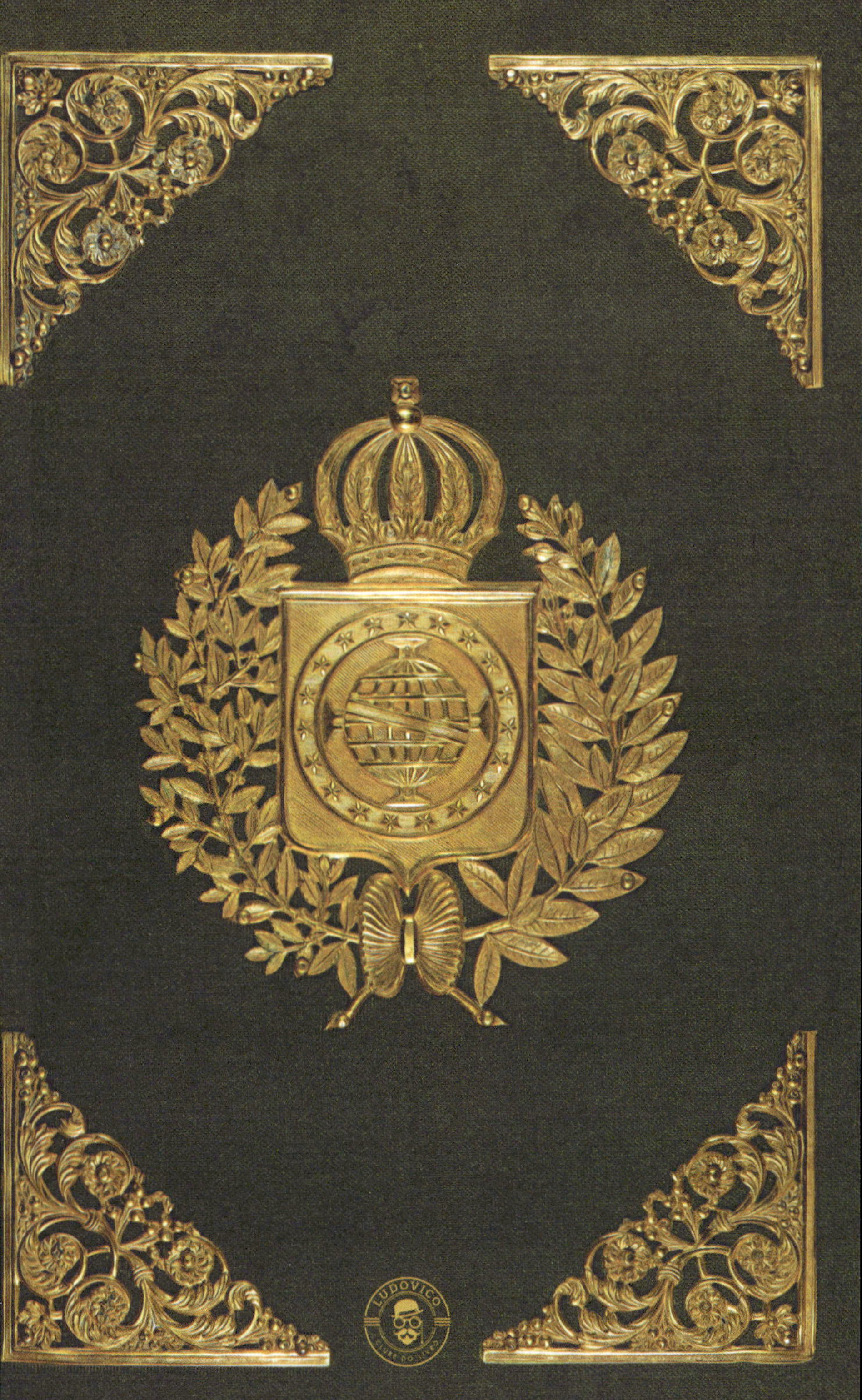
LUDOVICO
CLUBE DO LIVRO

PRESIDÊNCIA DA REPÚBLICA
ARQUIVO NACIONAL

Casa civil da Presidência da República
Arquivo Nacional

Fundo : Constituição e Emendas Constitucionais

Codigo do Fundo : DK

Titulo : Constituição para o Império do Brasil

Data : 25/03/1824

Dimensões : 26 X 40 cm

Dom Pedro Primei-
ro, por Graça de Deos e Unanime Acclammação dos Povos Imperador Constitucional, e
Defensor Perpetuo do Brazil: Fazemos saber
a todos os Nossos Subditos que, tendo-Nos requerido os Povos deste Imperio, juntos em Camaras, que Nós quanto antes Jurassemos, e
Fizessemos jurar o Projecto de Constituição, que
Haviamos offerecido ás suas observações, para
serem depois presentes á nova Assemblea Constituinte; mostrando o grande desejo, que tinhão
de que elle se observasse já, como Constituição
do Imperio, por lhes merecer a mais plena approvação, e delle esperarem a sua individual e
geral felicidade Politica: Nós Juramos o sobredito Projecto para o Observarmos e Fazermos
observar, como Constituição, que d'ora em diante fica sendo deste Imperio, a qual he do
teor seguinte:

Cons-

Constituição Política do Imperio do Brazil

Em Nome da Santissima Trindade.

Titulo I.

Do Imperio do Brazil, seu Territorio, Governo, Dynastia e Religião.

Artigo 1.º O Imperio do Brazil he a associação Politica de todos os Cidadãos Brazileiros. Elles formão huma Nação livre e independente, que não admitte com qualquer outra laço algum de união, ou federação, que se opponha á sua Independencia.

Art. 2.º O seu Territorio he dividido em Provincias na fórma, em que actualmente se acha, as quaes poderão ser subdivididas, como pedir o bem do

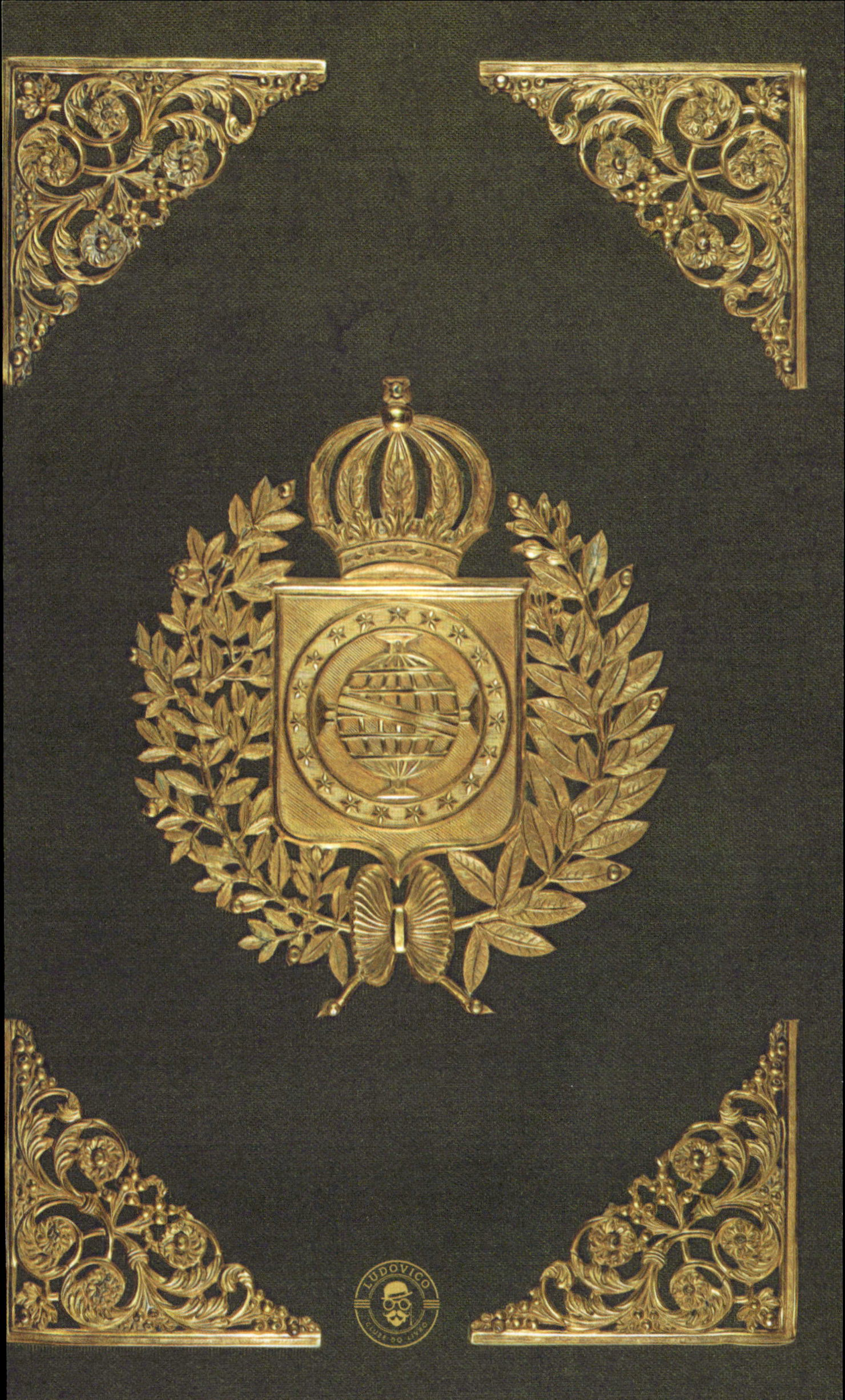
LUDOVICO
CLUBE DO LIVRO

PRESIDÊNCIA DA REPÚBLICA
ARQUIVO NACIONAL

Casa civil da Presidência da República
Arquivo Nacional

Fundo : Constituição e Emendas Constitucionais

Codigo do Fundo : DK

Titulo : Constituição para o Império do Brasil

Data : 25/03/1824

Dimensões : 26 X 40 cm

Dom Pedro Primeiro, por Graça de Deos e Unanime Acclammação dos Povos Imperador Constitucional, e Defensor Perpetuo do Brazil: Fazemos saber a todos os Nossos Subditos que, tendo-Nos requerido os Povos deste Imperio, juntos em Camaras, que Nós quanto antes Jurassemos, e Fizessemos jurar o Projecto de Constituição, que Haviamos offerecido ás suas observações, para serem depois presentes á nova Assemblea Constituinte; mostrando o grande desejo, que tinhão de que elle se observasse já, como Constituição do Imperio, por lhes merecer a mais plena approvação, e delle esperarem a sua individual e geral felicidade Politica: Nós Juramos o sobredito Projecto para o Observarmos e Fazermos observar, como Constituição, que d'ora em diante fica sendo deste Imperio, a qual he do teor seguinte:

Cons-

Constituição Politica do Imperio do Brazil.

Em Nome da Santissima Trindade.

Titulo I.

Do Imperio do Brazil, seu Territorio, Governo, Dynastia e Religião.

Artigo 1.º O Imperio do Brazil he a associação Politica de todos os Cidadãos Brazileiros. Elles formão huma Nação livre e independente, que não admitte com qualquer outra laço algum de união, ou federação, que se opponha á sua Independencia.

Art. 2.º O seu Territorio he dividido em Provincias na fórma, em que actualmente se acha, as quaes poderão ser subdivididas, como pedir o bem do

Estado.

Art. 3.º O seu Governo he Monarchico Hereditario Constitucional e Representativo.

Art. 4.º A Dynastia Imperante he a do Senhor Dom Pedro I. actual Imperador e Defensor Perpetuo do Brazil.

Art. 5.º A Religião Catholica Apostolica Romana continuará a ser a Religião do Imperio. Todas as outras Religiões serão permittidas com o seu culto domestico ou particular em Casas para isso destinadas, sem fórma alguma exterior de Templo.

Titulo 2.º

Dos Cidadãos Brasileiros

Art. 6.º São Cidadãos Brasileiros:

I. Os que no Brasil tiverem nascido, quer sejão ingenuos ou libertos; ainda que o Pay seja Estrangeiro, huma vez que este não resida por serviço da sua Nação.

II. Os filhos de Pay Brasileiro, e os illegitimos de Mãy Brasileira, nascidos em Paiz Estrangeiro, que vierem estabellecer domicilio no Imperio.

III. Os filhos de Pay Brazileiro, que estivesse em Paiz Estrangeiro em serviço do Imperio, embora elles não venhão estabellecer domicilio no Brazil.

IV. Todos os nascidos em Portugal e suas Possessões, que sendo já residentes no Brazil na época, em que se proclamou a Independencia nas Provincias, onde habitavão, adherirão a esta, expressa ou tacitamente, pela continuação da sua residencia.

V. Os Estrangeiros naturalisados, qualquer que seja a sua Religião. A Ley determinará as qualidades precisas, para se obter Carta de Naturalisação.

Art. 7.º Perde os Direitos de Cidadão Brazileiro

I. O que se naturalisar em Paiz Estrangeiro.

II. O que sem Licença do Imperador acceitar Emprego, Pensão, ou Condecoração de qualquer Governo Estrangeiro.

III. O que for banido por Sentença.

Art. 8.º Suspende-se o exercicio dos Direitos Politicos.

I. Por incapacidade fysica ou moral.

II. Por Sentença condemnatoria a prizão ou degredo, em quanto durarem os seus effeitos.

Titulo iij.

Dos Poderes e Representação Nacional.

Art. 9.º A divisão e harmonia dos Poderes Politicos he o principio conservador dos Direitos dos Cidadãos, e o mais seguro meio de fazer effectivas as garantias, que a Constituição offerece.

Art. 10.º Os Poderes Politicos reconhecidos pela Constituição do Imperio do Brazil são quatro: o Poder Legislativo, o Poder Moderador, o Poder Executivo, e o Poder Judicial.

Art. 11.º Os Representantes da Nação Brazileira são o Imperador e a Assemblea Geral.

Art. 12.º Todos estes Poderes no Imperio do Brazil são delegações da Nação.

Titulo IV.

Do Poder Legislativo.

Capitulo I.

Dos Ramos do Poder Legislativo, e suas Attribuições.

Art. 13.º O Poder Legislativo he delegado á

Assemblea Geral com a Sancção do Imperador.

Art. 14.º A Assemblea Geral compõe-se de duas Camaras: Camara de Deputados, e Camara de Senadores, ou Senado.

Art: 15.º He da attribuição da Assemblea Geral

I. Tomar Juramento ao Imperador, ao Principe Imperial, ao Regente ou Regencia.

II. Eleger a Regencia ou o Regente, e marcar os limites da sua auctoridade.

III. Reconhecer o Principe Imperial, como Successor do Throno, na primeira reunião logo depois do seu nascimento.

IV. Nomear Tutor ao Imperador menor, caso Seu Pay o não tenha nomeado em Testamento.

V. Resolver as duvidas, que occorrerem sobre a Successão da Coroa.

VI. Na morte do Imperador, e vacancia do Throno, instituir exame da Administração, que acabou, e reformar os abusos nella introduzidos.

VII. Escolher nova Dynastia, no caso da extincção da Imperante.

VIII. Fazer Leis, interpreta-las, suspende-las, e revoga-las.

IX. Velar na guarda da Constituição, e promover

o bem geral da Nação.

X. Fixar annualmente as Despezas Publicas, e repartir a Contribuição directa.

XI. Fixar annualmente, sobre a informação do Governo, as Forças de mar e terra, ordinarias e extraordinarias.

XII. Conceder ou negar a entrada de Forças Estrangeiras de terra e mar dentro do Imperio, ou dos portos delle.

XIII. Auctorisar ao Governo para contrahir Emprestimos.

XIV. Estabellecer meios convenientes para pagamento da Divida Publica.

XV. Regular a Administração dos Bens Nacionaes, e decretar a sua alienação.

XVI. Crear ou supprimir Empregos Publicos, e estabellecer-lhes Ordenados.

XVII. Determinar o peso, valor, inscripção, typo, e denominação das moedas; assim como o padrão dos pezos e medidas.

Art. 16.º Cada huma das Camaras terá o Tratamento de = Augustos e Dignissimos Senhores Representantes da Nação. =

Art. 17.º Cada Legislatura durará quatro annos,

e cada Sessão annual quatro mezes.

Art. 18.º A Sessão Imperial de Abertura será todos os annos no dia tres de Maio.

Art. 19.º Tambem será Imperial a Sessão do Encerramento; e tanto esta como a da Abertura se fará em Assemblea Geral, reunidas ambas as Camaras.

Art. 20.º Seu Ceremonial e o da participação ao Imperador será feito na forma do Regimento interno.

Art. 21.º A Nomeação dos respectivos Presidentes, Vice-Presidentes e Secretarios das Camaras, verificação dos poderes dos seus Membros, Juramento, e sua Policia interior, se executará na forma dos seus Regimentos.

Art. 22.º Na reunião das duas Camaras, o Presidente do Senado dirigirá o trabalho: os Deputados e Senadores tomarão lugar indistinctamente.

Art. 23.º Não se poderá celebrar Sessão em cada huma das Camaras, sem que esteja reunida a metade e mais hum dos seus respectivos Membros.

Art. 24.º As Sessões de cada huma das Camaras serão publicas, à excepção dos casos, em que o bem do Estado exigir, que sejão secretas.

Art. 25.º Os negocios se resolverão pela maioria absoluta de votos dos Membros presentes.

Art. 26.º Os Membros de cada huma das Camaras

são inviolaveis pelas opiniões, que proferirem no exercicio das suas funcções.

Art. 27.º Nenhum Senador ou Deputado, durante a sua deputação, póde ser prezo por Auctoridade alguma, salvo por ordem da sua respectiva Camara, menos em flagrante delicto de pena capital.

Art. 28.º Se algum Senador ou Deputado for pronunciado, o Juiz, suspendendo todo o ulterior procedimento, dará conta á sua respectiva Camara, a qual decidirá se o processo deva continuar, e o Membro ser, ou não suspenso no exercicio das suas funcções.

Art. 29.º Os Senadores e Deputados poderão ser nomeados para o Cargo de Ministro d'Estado, ou Conselheiro d'Estado, com a differença de que os Senadores continuão a ter assento no Senado, e o Deputado deixa vago o seu lugar da Camara, e se procede a nova Eleição, na qual póde ser reeleito, e accumular as duas funcções.

Art. 30.º Tambem accumalão as duas funcções, se já exercião qualquer dos mencionados Cargos, quando forão eleitos.

Art. 31.º Não se póde ser ao mesmo tempo Membro de ambas as Camaras.

Art. 32.º O exercicio de qualquer Emprego

excepção dos de Conselheiro d'Estado e Ministro d'Estado, cessa interinamente, em quanto durarem as funcções de Deputado ou de Senador.

Art. 33.º No intervalo das Sessões não poderá o Imperador empregar hum Senador ou Deputado fóra do Imperio; nem mesmo irão exercer seus Empregos, quando isso os impossibilite para se reunirem no tempo da Convocação da Assemblea Geral Ordinaria ou Extraordinaria.

Art. 34.º Se por algum caso imprevisto, de que dependa a Segurança Publica ou o bem do Estado, for indispensavel que algum Senador ou Deputado saia para outra Commissão, a respectiva Camara o poderá determinar.

Capitulo II

Da Camara dos Deputados

Art. 35.º A Camara dos Deputados he electiva e temporaria.

Art. 36.º He privativa da Camara dos Deputados a Iniciativa.

I. Sobre Impostos.

II. Sobre Recrutamentos.

III. Sobre a escolha da nova Dynastia, no caso da extincção da Imperante.

Art. 37.º Tambem principiaráõ na Camara dos Deputados

I. O Exame da Administração passada, e reforma dos abusos nella introduzidos.

II. A discussão das Propostas, feitas pelo Poder Executivo.

Art. 38.º He da privativa attribuição da mesma Camara decretar que tem lugar a accusação dos Ministros d'Estado e Conselheiros d'Estado.

Art. 39.º Os Deputados vencerão, durante as Sessões, hum Subsidio pecuniario, taxado no fim da ultima Sessão da Legislatura antecedente. Alem disto se lhes arbitrará huma indemnisação para as despesas da vinda e volta.

Capítulo III.
Do Senado

Art. 40.º O Senado he composto de Membros vitalicios, e será organisado por Eleição Provincial.

Art. 41.º Cada Provincia dará tantos Senadores

quantos forem metade de seus respectivos Deputados, com a differença que, quando o numero dos Deputados da Provincia for impar, o numero dos seus Senadores será metade do numero immediatamente menor, de maneira que a Provincia, que houver de dar onze Deputados, dará cinco Senadores.

Art. 42.º A Provincia que tiver hum só Deputado, elegerá todavia o seu Senador, não obstante a regra acima estabellecida.

Art. 43.º As Eleições serão feitas pela mesma maneira, que as dos Deputados, mas em Listas triplices, sobre as quaes o Imperador escolherá o terço na totalidade da Lista.

Art. 44.º Os Lugares de Senadores, que vagarem, serão preenchidos pela mesma forma da primeira Eleição pela sua respectiva Provincia.

Art. 45.º Para ser Senador requer-se

I. Que seja Cidadão Brasileiro, e que esteja no gozo de seus Direitos Politicos.

II. Que tenha de idade quarenta annos para cima.

III. Que seja pessoa de saber, capacidade e virtudes, com preferencia os que tiverem feito serviços á Patria.

IV. Que tenha de rendimento annual por bens, industria, commercio ou Empregos a somma de oitocentos mil reis.

Art. 46.º Os Principes da Casa Imperial são Senadores por Direito, e terão assento no Senado, logo que chegarem á idade de vinte e cinco annos.

Art. 47.º He da attribuição exclusiva do Senado

I. Conhecer dos delictos individuaes, commettidos pelos Membros da Familia Imperial, Ministros d'Estado, Conselheiros d'Estado, e Senadores; e dos delictos dos Deputados, durante o periodo da Legislatura.

II. Conhecer da responsabilidade dos Secretarios e Conselheiros d'Estado.

III. Expedir Cartas de Convocação da Assemblea, caso o Imperador o não tenha feito dois mezes depois do tempo, que a Constituição determina; para o que se reunirá o Senado extraordinariamente.

IV. Convocar a Assemblea na morte do Imperador para a Eleição da Regencia, nos casos, em que ella tem lugar, quando a Regencia Provisional o não faça.

Art. 48.º No Juizo dos Crimes, cuja accusação não pertence á Camara dos Deputados, accusará o Procurador da Coroa, e Soberania Nacional.

Art. 49.º As Sessões do Senado começão e acabão ao mesmo tempo, que as da Camara dos Deputados.

Art. 50.º Á excepção dos casos ordenados pela Constituição, toda a reunião do Senado fóra do tempo das Sessões da Camara dos Deputados he illicita e nulla.

Art. 51.º O Subsidio dos Senadores será de tanto e mais metade, do que tiverem os Deputados.

Capitulo IV.
Da Proposição, Discussão, Sancção, e Promulgação das Leis.

Art. 52.º A proposição, opposição e approvação dos Projectos de Ley compete a cada huma das Camaras.

Art. 53.º O Poder Executivo exerce por qualquer dos Ministros d'Estado a proposição, que lhe compete na formação das Leis; e só depois de examinada por huma Commissão da Camara dos Deputados, aonde deve ter principio, poderá ser convertida em Projecto de Ley.

Art. 54.º Os Ministros podem assistir e discutir a Proposta, depois do relatorio da Commissão; mas não poderão votar, nem estarão presentes à votação, salvo se forem Senadores ou Deputados.

Art. 55.º Se a Camara dos Deputados adoptar o Projecto, o remetterá à dos Senadores com a seguinte formula = A Camara dos Deputados envia á Camara dos Senadores a Proposição junta do Poder Executivo (com emendas ou sem ellas), e pensa que ella tem lugar. =

Art. 56.º Se não poder adoptar a proposição, participará ao Imperador por huma Deputação de sete Membros da maneira seguinte = A Camara dos Deputados testemunha ao Imperador o seu reconhecimento pelo zelo, que mostra, em vigiar os interesses do Imperio, e Lhe supplica respeitosamente Digne-Se tomar em ulterior consideração a Proposta do Governo. =

Art. 57.º Em geral as proposições, que a Camara dos Deputados admittir e approvar, serão remettidas á Camara dos Senadores com a formula seguinte = A Camara dos Deputados envia ao Senado a Proposição junta, e pensa que tem lugar pedir-se ao Imperador a Sua Sancção.

Art. 58.º Se porem a Camara dos Senadores não adoptar inteiramente o Projecto da Camara dos Deputados, mas se o tiver alterado ou addicionado, o reenviará pela maneira seguinte = O Senado envia á Camara dos Deputados a Sua Proposição (tal) com as emendas ou addições juntas, e pensa que com ellas tem lugar pedir-se ao Imperador a Sancção Imperial.

Art. 59.º Se o Senado, depois de ter deliberado, julga que não póde admittir a Proposição, ou Projecto, dirá nos termos seguintes = O Senado torna a remetter á Camara dos Deputados a Proposição (tal), á qual não tem podido dar o seu consentimento.

Art. 60.º O mesmo praticará a Camara dos Deputados para com a do Senado, quando neste tiver o Projecto a sua origem.

Art. 61.º Se a Camara dos Deputados não approvar as emendas ou addições do Senado, ou vice versa, e todavia a Camara recusante julgar que o Projecto he vantajoso, poderá requerer por huma Deputação de tres Membros a reunião das duas Camaras, que se fará na Camara do Senado; e conforme o resultado da discussão, se seguirá o que for deliberado.

Art. 62.º Se qualquer das duas Camaras, concluida a discussão, adoptar inteiramente o Projecto, que a outra Camara lhe enviou, o reduzirá a Decreto, e depois de lido em Sessão, o dirigirá ao Imperador em dous Autographos, asignados pelo Presidente e os dois Primeiros Secretarios, pedindo-Lhe a Sua Sancção pela formula seguinte. = A Assemblea Geral dirige ao Imperador o Decreto inclusa, que julga vantajoso e util ao Imperio, e pede a Sua Magestade Imperial Se Digne Dar a Sua Sancção.

Art. 63.º Esta remessa será feita por huma Deputação de sete Membros, enviada pela Camara ultimamente deliberante; a qual ao mesmo tempo informará á outra Camara, aonde o Projecto teve origem, que tem adoptado a sua Proposição, relativa a tal objecto, e que a dirigio ao Imperador, pedindo-Lhe a Sua Sancção.

Art. 64.º Recusando o Imperador prestar o Seu Consentimento, responderá nos termos seguintes = O Imperador quer meditar sobre o Projecto de Ley para a seu tempo Se resolver. = Ao que a Camara responderá que = Louva a Sua Magestade Imperial o interesse que toma pela Nação.

Art. 65.º Esta denegação tem effeito suspensivo sómente: pelo que todas as vezes que as duas Legislaturas, que se seguirem áquella, que tiver approvado o Projecto, tornem successivamente a apresenta-lo nos mesmos termos, entender-se ha que o Imperador tem dado a Sancção.

Art. 66.º O Imperador dará ou negará a Sancção em cada Decreto dentro de hum mez, depois que Lhe for apresentado.

Art. 67.º Se o não fizer dentro do mencionado prazo, terá o mesmo effeito, como se expressamente negasse a Sancção, para serem contadas as Legislaturas, em que poderá ainda recuar, e seu consentimento, ou reputar-se o Decreto obrigatorio, por haver já negado a Sancção nas duas antecedentes Legislaturas.

Art. 68.º Se o Imperador adoptar o Projecto da Assemblea Geral, se exprimirá assim = O Imperador Consente = Com o que fica sanccionado, e nos termos de ser promulgado como Ley do Imperio; e hum dos dous Autografos, depois de assignados pelo Imperador, será remettido para o Archivo da Câmara, que o enviou; e o outro servirá para por elle se fazer a Promulgação da Ley pela respectiva Secretaria d'Estado, aonde será guardado.

Art. 69.º A formula da Promulgação da Ley será concebida nos seguintes termos = Dom (N.) por Graça de Deos e Unanime Acclamação dos Povos, Imperador Constitucional e Defensor Perpetuo do Brazil. Fazemos saber a todos os Nossos Subditos que a Assemblea Geral decretou, e Nós Queremos a Ley seguinte (a integra da Ley nas suas disposições somente). Mandamos portanto a todas as Auctoridades, a quem o conhecimento e execução da referida Ley pertencer, que a cumprão e fação cumprir e guardar tão inteiramente, como nella se contem. O Secretario de Estado dos Negocios de .... (o da Repartição competente) a faça imprimir, publicar e correr. =

Art. 70.º Assignada a Ley pelo Imperador, referendada pelo Secretario d'Estado competente, e sellada com o Sello do Imperio, se guardará o original no Archivo Publico, e se remetterão os Exemplares della impressos a todas as Camaras do Imperio, Tribunaes, e mais Lugares, aonde convenha fazer-se publica.

Capitulo V.
Dos Conselhos Geraes de Provincia, e suas Attribuições.

Art. 71.º A Constituição reconhece e garante o direito de intervir todo o Cidadão nos negocios da sua Provincia, e que são immediatamente relativos a seus interesses peculiares.

Art. 72.º Este direito será exercitado pelas Camaras dos Districtos, e pelos Conselhos, que com o titulo de = Conselho Geral da Provincia... = se devem estabellecer em cada Provincia, aonde não estiver collocada a Capital do Imperio.

Art. 73.º Cada hum dos Conselhos Geraes constará de vinte e hum Membros nas Provincias mais populosas, como sejão Pará, Maranhão, Ceará, Pernambuco,

Bahia, Minas Geraes, São Paulo, e Rio Grande do Sul, e nas outras de treze Membros.

Art. 74.º A sua Eleição se fará na mesma occasião, e da mesma maneira, que se fizer a dos Representantes da Nação, e pelo tempo de cada Legislatura.

Art. 75.º A idade de vinte e cinco annos, probidade e decente subsistencia são as qualidades necessarias para ser Membro destes Conselhos.

Art. 76.º A sua reunião se fará na Capital da Provincia; e na primeira Sessão preparatoria nomearão Presidente, Vice-Presidente, Secretario e Supplentes, que servirão por todo o tempo da Sessão: examinarão, e verificarão a legitimidade da Eleição dos seus Membros.

Art. 77.º Todos os annos haverá Sessão, e durará dous mezes, podendo prorogar-se por mais hum mez, se nisso convier a maioridade do Conselho.

Art. 78.º Para haver Sessão deverá achar-se reunida mais da metade do numero dos seus Membros.

Art. 79.º Não podem ser eleitos para Membros do Conselho Geral o Presidente da Provincia, o Secretario, e o Commandante das Armas.

Art. 80.º O Presidente da Provincia assistirá á instalação do Conselho Geral, que se fará no primeiro dia de

Dezembro, e terá assento igual ao do Presidente do Conselho, e á sua direita; e ahi dirigirá o Presidente da Provincia sua falla ao Conselho, instruindo-o do estado dos negocios publicos, e das providencias, que a mesma Provincia mais precisa para seu melhoramento.

Art. 81.º Estes Conselhos terão por principal objecto propôr, discutir e deliberar sobre os negocios mais interessantes das suas Provincias; formando Projectos peculiares e acommodados ás suas localidades e urgencias.

Art. 82.º Os negocios, que começarem nas Camaras, serão remettidos officialmente ao Secretario do Conselho, aonde serão discutidos a portas abertas, bem como os que tiverem origem nos mesmos Conselhos. As suas resoluções serão tomadas á pluralidade absoluta de votos dos Membros presentes.

Art. 83.º Não se podem propôr nem deliberar nestes Conselhos Projectos

I. Sobre interesses geraes da Nação.

II. Sobre quaesquer ajustes de humas com outras Provincias.

III. Sobre imposições, cuja Iniciativa he da competencia particular da Camara dos Deputados. Art. 36.º

IV. Sobre execução de Leis, devendo porem dirigir á esse respeito Representações motivadas á Assemblea Geral e ao Poder Executivo conjunctamente.

Art. 34.º As Resoluções dos Conselhos Geraes de Provincia serão remettidas directamente ao Poder Executivo pelo intermedio do Presidente da Provincia.

Art. 35.º Se a Assemblea Geral se achar a esse tempo reunida, lhe serão immediatamente enviadas pela respectiva Secretaria de Estado, para serem propostas como Projectos de Ley, e obter a approvação da Assemblea por huma unica discussão em cada Camara.

Art. 36.º Não se achando a esse tempo reunida a Assemblea, o Imperador as mandará provisoriamente executar, se julgar que ellas são dignas de prompta providencia, pela utilidade, que de sua observancia resultará ao bem geral da Provincia.

Art. 37.º Se porem não occorrerem essas circunstancias, o Imperador declarará que = Suspende o seu juizo a respeito daquelle negocio = Ao que o Conselho responderá que = recebeo mui respeitosamente a resposta de Sua Magestade Imperial. =

Art. 38.º Logo que a Assemblea Geral se reunir, lhe serão enviadas assim essas Resoluções suspensas, como as que estiverem em execução, para serem discutidas e deliberadas, na forma do Art. 35.º

Art. 39.º O methodo de proseguirem os Conselhos Geraes

de Provincia em seus trabalhos, e sua Policia interna e externa, tudo se regulará por hum Regimento, que lhes será dado pela Assemblea Geral.

Capitulo VI
Das Eleições

Art. 90.º As Nomeações dos Deputados e Senadores para a Assemblea Geral, e dos Membros dos Conselhos Geraes das Provincias serão feitas por Eleições indirectas, elegendo a massa dos Cidadãos activos em Assembleas Parochiaes os Eleitores de Provincia, e estes os Representantes da Nação e Provincia.

Art. 91.º Tem voto nestas Eleições primarias

I. Os Cidadãos Brasileiros, que estão no gozo de seus direitos politicos.

II. Os Estrangeiros naturalisados.

Art. 92.º São excluidos de votar nas Assembleas Parochiaes

I. Os menores de vinte e cinco annos, nos quaes se não comprehendem os Casados e Officiaes Militares, que forem maiores de vinte e hum annos, os Bachareis Formados, e Clerigos de Ordens Sacras.

II. Os filhos familias, que estiverem na companhia de seus Pays, salvo se servirem Officios Publicos.

III. Os Criados de servir, em cuja classe não entrão os Guarda-Livros, e primeiros Caixeiros das Casas de Commercio, os Criados da Casa Imperial, que não forem de galão branco; e os Administradores de fazendas ruraes, e fabricas.

IV. Os Religiosos, e quaesquer que vivão em Communidade Claustral.

V. Os que não tiverem de renda liquida annual cem mil reis por bens de raiz, industria, commercio, ou Empregos.

Art. 93.º Os que não podem votar nas Assembleas Primarias de Parochia, não podem ser Membros, nem votar na nomeação de alguma Auctoridade electiva Nacional ou local.

Art. 94.º Podem ser Eleitores, e votar na Eleição dos Deputados, Senadores, e Membros dos Conselhos de Provincia todos os que podem votar na Assemblea Parochial. Exceptuão-se

I. Os que não tiverem de renda liquida annual duzentos mil reis por bens de raiz, industria, commercio ou Emprego.

II. Os Libertos.

III. Os criminosos pronunciados em querela, ou devassa.

Art. 95.º Todos os que podem ser Eleitores, são habeis para serem nomeados Deputados. Exceptuando-se:

I. Os que não tiverem quatrocentos mil reis de renda liquida, em forma dos artigos 22 e 24.

II. Os Estrangeiros naturalisados.

III. Os que não professarem a Religião do Estado.

Art. 96.º Os Cidadãos Brasileiros em qualquer parte, que existão, são elegiveis em cada Districto Eleitoral para Deputados ou Senadores, ainda quando ahi não sejão nascidos, residentes, ou domiciliados.

Art. 97.º Huma Ley regulamentar marcará o modo pratico das Eleições, e o numero dos Deputados relativamente á população do Imperio.

Titulo V.
Do Imperador.

Capitulo I.
Do Poder Moderador.

Art. 98.º O Poder Moderador he a chave de toda a organisação Politica, e he delegado privativamente ao Imperador, como Chefe Supremo da Nação, e seu Primeiro Representante, para que incessantemente vele sobre a manutenção da Independencia, equilibrio e harmonia dos mais Poderes Politicos.

Art. 99.º A Pessoa do Imperador he inviolavel, e Sagrada. Elle não está sujeito a responsabilidade alguma.

Art. 100.º Os seus Titulos são = Imperador Constitucional e Defensor Perpetuo do Brazil = e tem o Tratamento de Magestade Imperial.

Art. 101.º O Imperador exerce o Poder Moderador

I. Nomeando os Senadores na fórma do Artigo 43.º

II. Convocando a Assemblea Geral extraordinariamente nos intervalos das Sessões, quando assim o pede o bem do Imperio.

III. Sanccionando os Decretos e Resoluções da Assemblea Geral, para que tenhão força de Ley. Art. 62.º

IV. Approvando e suspendendo interinamente as Resoluções dos Conselhos Provinciaes. Art. 86.º e 87.º

V. Prorogando ou adiando a Assemblea Geral, e dissolvendo a Camara dos Deputados, nos casos, em que o exigir a Salvação do Estado; convocando immediatamente outra, que a substitúa.

VI. Nomeando e demittindo livremente os Ministros

d'Estado.

VII. Surpendendo os Magistrados, nos casos do Artigo 154.º

VIII. Perdoando e moderando as penas impostas aos Reos condemnados por Sentença.

IX. Concedendo Amnistia em caso urgente, e que assim aconselhem a humanidade e bem do Estado.

Capitulo II.
Do Poder Executivo

Art. 102.º O Imperador he o Chefe do Poder Executivo, e o exercita pelos Seus Ministros d'Estado.

São Suas principaes Attribuições

I. Convocar a nova Assemblea Geral Ordinaria no dia tres de Junho do terceiro anno da Legislatura existente.

II. Nomear Bispos, e prover os Beneficios Ecclesiasticos.

III. Nomear Magistrados.

IV. Prover os mais Empregos Civis e Politicos.

V. Nomear os Commandantes da Força de Terra e Mar, e removê-los, quando assim o pedir o serviço da Nação.

VI. Nomear Embaixadores, e mais Agentes Diplomaticos e Commerciaes.

VII. Dirigir as Negociações Politicas com as Nações Estrangeiras.

VIII. Fazer Tratados de Alliança offensiva e defensiva, de Subsidio e Commercio, levando-os depois de concluidos ao conhecimento da Assemblea Geral, quando o interesse e segurança do Estado o permittirem. Se os Tratados, concluidos em tempo de paz, involverem cessão ou troca de Territorio do Imperio, ou de Possessões, a que o Imperio tenha direito, não serão ratificados, sem terem sido approvados pela Assemblea Geral.

IX. Declarar a guerra, e fazer a paz, participando á Assemblea as communicações, que forem compativeis com os interesses e segurança do Estado.

X. Conceder Cartas de Naturalisação na forma da Ley.

XI. Conceder Titulos, Honras, Ordens Militares, e Distincções em recompensa de Serviços feitos ao Estado; dependendo as Mercês pecuniarias da approvação da Assemblea, quando não estiverem já designadas e taxadas por Ley.

XII. Expedir os Decretos, Instrucções e Regulamentos

adequados à boa execução das leis.

XIII. Decretar a applicação dos rendimentos destinados pela Assemblea aos varios ramos da publica Administração.

XIV. Conceder, ou negar o Beneplacito aos Decretos dos Concilios e Letras Apostolicas, e quaesquer outras Constituições Ecclesiasticas, que se não oppozerem à Constituição; e precedendo approvação da Assemblea, se contiverem disposição geral.

XV. Prover a tudo, que for concernente à segurança interna e externa do Estado, na forma da Constituição.

Art. 103.º O Imperador, antes de ser acclamado, prestará nas mãos do Presidente do Senado, reunidas as duas Camaras, o seguinte Juramento. = Juro manter a Religião Catholica Apostolica Romana, a integridade e indivisibilidade do Imperio; observar e fazer observar a Constituição Politica da Nação Brazileira, e mais Leis do Imperio, e prover ao bem geral do Brazil, quanto em Mim couber. =

Art. 104.º O Imperador não poderá sahir do Imperio do Brazil, sem o consentimento da Assemblea Geral; e se o fizer, se entenderá que abdicou a Coroa.

Capitulo III.

Da Familia Imperial, e Sua Dotação.

Art. 105.º O Herdeiro Presumptivo do Imperio terá o Titulo de = Principe Imperial = e o seu Primogenito o de = Principe do Grão Pará = todos os mais terão o de = Principes =. O Tratamento do Herdeiro Presumptivo será o de = Alteza Imperial =; e o mesmo será o do Principe do Grão Pará; os outros Principes terão o Tratamento de = Alteza =.

Art. 106.º O Herdeiro Presumptivo, em completando quatorze annos de idade, prestará nas mãos do Presidente do Senado, reunidas as duas Camaras, o seguinte Juramento = Juro manter a Religião Catholica Apostolica Romana, observar a Constituição Politica da Nação Brazileira, e ser obediente ás Leis, e ao Imperador.

Art. 107.º A Assemblea Geral, logo que o Imperador succeder no Imperio, lhe assignará, e á Imperatriz Sua Augusta Esposa, huma Dotação correspondente ao decoro de Sua Alta Dignidade.

Art. 108.º A Dotação assignada ao presente Imperador e á Sua Augusta Esposa deverá ser augmentada; visto que as circunstancias actuaes não permittem que se fixe desde já huma somma adequada ao decoro de Suas

Augustas Pessoas, e Dignidade da Nação.

Art. 109.º A Assemblea assignará tambem Alimentos ao Principe Imperial e aos demais Principes, desde que nascerem. Os Alimentos dados aos Principes cessarão somente, quando elles sahirem para fóra do Imperio.

Art. 110.º Os Mestres dos Principes serão da escolha e nomeação do Imperador; e a Assemblea lhes designará os Ordenados, que deverão ser pagos pelo Thesouro Nacional.

Art. 111.º Na primeira Sessão de cada Legislatura a Camara dos Deputados exigirá dos Mestres huma Conta do estado de adiantamento dos seus Augustos Discipulos.

Art. 112.º Quando as Princezas houverem de casar, a Assemblea Lhes assignará o seu Dote; e com a entrega delle cessarão os Alimentos.

Art. 113.º Aos Principes, que se casarem, e forem residir fóra do Imperio, se entregará por huma vez somente huma quantia determinada pela Assemblea; com o que cessarão os Alimentos, que percebião.

Art. 114.º A Dotação, Alimentos, e Dotes, de que fallão os Artigos antecedentes, serão pagos pelo Thesouro Publico, entregues a hum Mordomo nomeado pelo Imperador, com quem se poderão tratar as Acções activas e passivas, concernentes aos interesses da Casa Imperial.

Art. 115.º Os Palacios e Terrenos Nacionaes, possuidos actualmente pelo Senhor Dom Pedro Primeiro, ficaráõ sempre pertencendo a Seus Successores: e a Nação cuidará nas acquisições e construcções, que julgar convenientes, para a decencia e recreio do Imperador e Sua Familia.

Capitulo IV.
Da Successão do Imperio.

Art. 116.º O Senhor Dom Pedro Primeiro, por Unanime Acclamação dos Povos actual Imperador Constitucional e Defensor Perpetuo, Imperará sempre no Brazil.

Art. 117.º Sua Descendencia legitima succederá no Throno, segundo a ordem regular de primogenitura e representação, preferindo sempre a linha anterior ás posteriores; na mesma linha o grão mais proximo ao mais remoto; no mesmo grão, o sexo masculino ao feminino; no mesmo sexo a pessoa mais velha á mais moça.

Art. 118.º Extinctas as linhas dos Descendentes legitimos do Senhor Dom Pedro Primeiro, ainda em vida do ultimo Descendente, e durante o Seu Imperio, escolherá a Assemblea Geral a nova Dynastia.

Art. 119.º Nenhum Estrangeiro poderá succeder na

Coroa do Imperio do Brazil.

Art. 120.º O Casamento da Princeza Herdeira Presumptiva da Coroa será feito a aprazimento do Imperador; não existindo Imperador ao tempo, em que se tratar deste Consorcio, não poderá elle effectuar-se, sem approvação da Assemblea Geral. Seu Marido não terá parte no Governo, e sómente se chamará Imperador, depois que tiver da Imperatriz filho ou filha.

Capitulo V.
Da Regencia na menoridade, ou impedimento do Imperador.

Art. 121.º O Imperador he menor até a idade de desoito annos completos.

Art. 122.º Durante a sua menoridade, o Imperio será governado por huma Regencia, a qual pertencerá ao Parente mais chegado do Imperador, segundo a ordem da Successão, e que seja maior de vinte e cinco annos.

Art. 123.º Se o Imperador não tiver Parente algum, que reuna estas qualidades, será o Imperio governado por huma Regencia permanente, nomeada pela Assemblea Geral, composta de tres Membros, dos quaes o mais velho em idade será o Presidente.

Art. 124.º Em quanto esta Regencia se não eleger, governará o Imperio huma Regencia Provisional, composta dos Ministros d'Estado do Imperio e da Justiça, e dos dois Conselheiros d'Estado mais antigos em exercicio, presidida pela Imperatriz Viuva, e na sua falta pelo mais antigo Conselheiro d'Estado.

Art. 125.º No caso de fallecer a Imperatriz Imperante, será esta Regencia presidida por Seu Marido.

Art. 126.º Se o Imperador por causa fysica ou moral, evidentemente reconhecida pela pluralidade de cada huma das Camaras da Assemblea, se impossibilitar para governar; em seu lugar governará, como Regente, o Principe Imperial, se for maior de desoito annos.

Art. 127.º Tanto o Regente, como a Regencia prestará o Juramento mencionado no Artigo 103.º, accrescentando a clausula de fidelidade ao Imperador, e de Lhe entregar o Governo, logo que Elle chegar á maioridade, ou cessar o Seu impedimento.

Art. 128.º Os Actos da Regencia e do Regente serão expedidos em nome do Imperador pela formula seguinte = Manda a Regencia em Nome do Imperador... = Manda o Principe Imperial Regente em Nome do Imperador... =

Art. 129.º Nem a Regencia, nem o Regente será responsavel.

Art. 130.º Durante a menoridade do Succesor da Coroa, será seu Tutor quem seu Pay lhe tiver nomeado em Testamento; na falta deste, a Imperatriz Mãy, em quanto não tornar a casar; faltando esta, a Assemblea Geral nomeará Tutor, com tanto que nunca poderá ser Tutor do Imperador menor aquelle, a quem possa tocar a Successão da Coroa na sua falta.

Capitulo VI.
Do Ministerio.

Art. 131.º Haverá differentes Secretarias d'Estado. A Ley designará os negocios pertencentes a cada huma, e seu numero; as reunirá ou separará, como mais convier.

Art. 132.º Os Ministros d'Estado referendarão, ou assignarão todos os Actos do Poder Executivo, sem o que não poderão ter execução.

Art. 133.º Os Ministros d'Estado são responsaveis

I. Por traição.

II. Por peita, soborno, ou concussão.

III. Por abuso do Poder.

IV. Pela falta de observancia da Ley.

V. Pelo que obrarem contra a Liberdade, Segurança, ou Propriedade dos Cidadãos.

VI. Por qualquer dissipação dos Bens Publicos.

Art. 134.º Huma Ley particular especificará a natureza destes delictos, e a maneira de proceder contra elles.

Art. 135.º Não salva aos Ministros da responsabilidade a Ordem do Imperador, vocal ou por escripto.

Art. 136.º Os Estrangeiros, posto que naturalisados, não podem ser Ministros d'Estado.

Capitulo VII.

Do Conselho d'Estado

Art. 137.º Haverá hum Conselho d'Estado, composto de Conselheiros vitalicios, nomeados pelo Imperador.

Art. 138.º O seu numero não excederá a dez.

Art. 139.º Não são comprehendidos neste numero os Ministros d'Estado, nem estes serão reputados Conselheiros d'Estado, sem especial nomeação do Imperador para este Cargo.

Art. 140.º Para ser Conselheiro d'Estado requerem-se as mesmas qualidades, que devem concorrer para ser Senador.

Capitulo VIII

Art. 141.º Os Conselheiros d'Estado, antes de tomarem posse, prestarão Juramento nas mãos do Imperador de = manter a Religião Catholica Apostolica Romana; observar a Constituição, e as Leis; ser fiéis ao Imperador; aconselha-Lo segundo suas consciencias, attendendo sómente ao bem da Nação.

Art. 142.º Os Conselheiros serão ouvidos em todos os negocios graves, e medidas geraes da publica Administração, principalmente sobre a declaração da Guerra, ajustes de Paz, negociações com as Nações Estrangeiras; assim como em todas as occasiões, em que o Imperador Se proponha exercer qualquer das Attribuições, proprias do Poder Moderador, indicadas no Artigo 101.º, á excepção da VI.

Art. 143.º São responsaveis os Conselheiros d'Estado pelos Conselhos, que dérem, oppostos ás Leis, e ao interesse do Estado, manifestamente dolosos.

Art. 144.º O Principe Imperial, logo que tiver dezoito annos completos, será de Direito do Conselho de Estado: os demais Principes da Caza Imperial, para entrarem no Conselho d'Estado, ficão dependentes da Nomeação do Imperador. Estes e o Principe Imperial não entrão no numero marcado no Artigo 138.º

Capitulo VIII.

Da Força Militar.

Art. 145.º Todos os Brasileiros são obrigados a pegar em armas, para sustentar a Independencia e Integridade do Imperio, e defende-lo dos seus inimigos externos, e internos.

Art. 146.º Em quanto a Assemblea Geral não designar a Força Militar permanente de mar, e terra, subtituirà a que então houver, até que pela mesma Assemblea seja alterada para mais, ou para menos.

Art. 147.º A Força Militar he essencialmente obediente; jámais se poderà reunir, sem que lhe seja ordenado pela Auctoridade legitima.

Art. 148.º Ao Poder Executivo compete privativamente empregar a Força Armada, de Mar e Terra, como bem lhe parecer conveniente á segurança e defesa do Imperio.

Art. 149.º Os Officiaes do Exercito, e Armada não podem ser privados das suas Patentes, se não por Sentença proferida em Juizo competente.

Art. 150.º Huma Ordenança especial regulará a organisação do Exercito do Brazil, suas Promoções, Soldos, e Disciplina, asim como da Força Naval.

Título VI.

Do Poder Judicial.

Capitulo unico.

Dos Juizes e Tribunaes de Justiça.

Art. 151.º O Poder Judicial he independente, e será composto de Juizes e Jurados, os quaes terão lugar assim no Cível como no Crime, nos casos e pelo modo, que os Codigos determinarem.

Art. 152.º Os Jurados pronuncião sobre o facto, e os Juizes applicão a Ley.

Art. 153.º Os Juizes de Direito serão perpetuos, o que todavia se não entende que não possão ser mudados de huns para outros Lugares pelo tempo e maneira, que a Ley determinar.

Art. 154.º O Imperador poderá suspende-los por queixas contra elles feitas, precedendo audiencia dos mesmos Juizes, informação necessaria, e ouvido o Conselho d'Estado. Os Papeis, que lhes são concernentes, serão remettidos à Relação do respectivo Destricto, para proceder na fórma da Ley.

Art. 155.º Só por Sentença poderão estes Juizes perder o Lugar.

Art. 156.º Todos os Juizes de Direito, e os Officiaes de Justiça serão responsaveis pelos abusos do poder, e prevaricações, que commetterem no exercicio de seus Empregos: esta responsabilidade se fará effectiva por Ley regulamentar.

Art. 157.º Por soborno, peita, peculato e concussão haverá contra elles Acção popular, que poderá ser intentada dentro de anno e dia pelo proprio queixoso, ou por qualquer do Povo, guardada a ordem do Processo estabellecida na Ley.

Art. 158.º Para julgar as Causas em segunda e ultima instancia haverá nas Provincias do Imperio as Relações, que forem necessarias para commodidade dos Povos.

Art. 159.º Nas Causas Crimes a'inquirição das Testemunhas e todos os mais actos do Processo, depois da pronuncia, serão publicos desde já.

Art. 160.º Nas Civeis e nas Penaes civilmente intentadas poderão as Partes nomear Juizes Arbitros: Suas Sentenças serão executadas sem recurso, se assim o convencionarem as mesmas Partes.

Art. 161.º Sem se fazer constar que se tem intentado o meio de reconciliação, não se começará Processo algum.

Art. 162.º Para este fim haverá Juizes de Paz, os quaes serão electivos pelo mesmo tempo e maneira, por que se elegem os Vereadores das Camaras. Suas attribuições e Districtos serão regulados por Lei.

Art. 163.º Na Capital do Imperio, além da Relação, que deve existir, assim como nas demais Provincias, haverá tambem hum Tribunal com a denominação de = Supremo Tribunal de Justiça = composto de Juizes Letrados, tirados das Relações por suas antiguidades; e serão condecorados com o Titulo do Conselho. Na primeira organisação poderão ser empregados neste Tribunal os Ministros daquelles, que se houverem de abolir.

Art. 164.º A este Tribunal compete.

I. Conceder ou denegar Revistas nas Causas, e pela maneira, que a Ley determinar.

II. Conhecer dos delictos e erros de Officio, que commetterem os seus Ministros, os das Relações, os Empregados no Corpo Diplomatico, e os Presidentes das Provincias.

III. Conhecer e decidir sobre os conflictos de Jurisdicção e competencia das Relações Provinciaes.

Titulo VII.

Da Administração e Economia das Provincias.

Capitulo I.

Da Administração.

Art. 165.º Haverá em cada Provincia hum Presidente, nomeado pelo Imperador, que o poderá remover quando entender que assim convem ao bem serviço do Estado.

Art. 166.º A Ley designará as suas attribuições, competencias, e auctoridade, e quanto convier ao melhor desempenho desta Administração.

Capitulo II.

Das Camaras.

Art. 167.º Em todas as Cidades e Villas ora existentes, e nas mais que para o futuro se crearem, haverá Camaras, ás quaes compete o Governo Economico e Municipal das mesmas Cidades e Villas.

Art. 168.º As Camaras serão electivas e compostas do numero de Vereadores, que a Ley designar; e o que obtiver maior numero de votos, será Presidente.

Art. 169.º O exercicio de suas funcções municipaes, formação das suas Posturas policiaes, applicação das suas rendas, e todas as suas particulares e uteis attribuições, serão decretadas por huma Ley regulamentar.

Capitulo III.

Da Fazenda Nacional

Art. 170.º A Receita e Despeza da Fazenda Nacional será encarregada a hum Tribunal, debaixo do nome de = Thesouro Nacional =, aonde em diversas Estações, devidamente estabellecidas por Ley, se regulará a sua administração, arrecadação e contabilidade, em reciproca correspondencia com as Thesourarias, e authoridades das Provincias do Imperio.

Art. 171.º Todas as Contribuições directas, á excepção daquellas, que estiverem applicadas aos juros, e amortização da Divida Publica, serão annualmente estabellecidas pela Assemblea Geral; mas continuarão, até que se publique a sua derogação, ou sejão substituidas por outras.

Art. 172.º O Ministro d'Estado da Fazenda, havendo recebido dos outros Ministros os Orçamentos relativos ás Despezas das suas Repartições, apresentará na Camara dos Deputados annualmente, logo que esta estiver reunida, hum Balanço Geral da Receita e Despeza do

Thesouro Nacional do anno antecedente, e igualmente o Orçamento Geral de todas as Despesas Publicas do anno futuro, e da importancia de todas as Contribuições e Rendas Publicas.

Capitulo III.

Titulo VIII.

Das Disposições geraes, e Garantias dos Direitos Civis e Politicos dos Cidadãos Brasileiros.

Art. 173.º A Assemblea Geral no principio das suas Sessões examinará se a Constituição Politica do Estado tem sido exactamente observada, para prover como for justo.

Art. 174.º Se passados quatro annos, depois de jurada a Constituição do Brazil, se conhecer que algum dos seus Artigos merece reforma, se fará a proposição por escripto, a qual deve ter origem na Camara dos Deputados, e ser apoiada pela terça parte delles.

Art. 175.º A proposição será lida por tres vezes, com intervallos de seis dias de huma á outra leitura; e depois da terceira, deliberará a Camara dos Deputados se poderá ser admittida á discussão; seguindo-se tudo o mais, que he preciso para a formação de huma Ley.

Art. 176.º Admittida a discussão, e vencida a necessidade da reforma do Artigo Constitucional, se expedirá Ley, que será sanccionada e promulgada pelo Imperador em forma ordinaria; e na qual se ordenará aos Eleitores dos Deputados para a seguinte Legislatura que nas Procurações lhes confirão especial faculdade para a pertendida alteração ou reforma.

Art. 177.º Na seguinte Legislatura e na primeira Sessão será a materia proposta e discutida; e o que se vencer prevalecerá para a mudança ou addição á Ley fundamental; e juntando-se á Constituição, será solemnemente promulgada.

Art. 178.º He só Constitucional o que diz respeito aos limites e attribuições respectivas dos Poderes Politicos, e aos Direitos Politicos e individuaes dos Cidadãos. Tudo o que não he Constitucional pode ser alterado sem as formalidades referidas pelas Legislaturas ordinarias.

Art. 179.º A inviolabilidade dos Direitos Civis e Politicos dos Cidadãos Brazileiros, que tem por base a liberdade, a segurança individual, e a propriedade, he garantida pela Constituição do Imperio pela maneira seguinte.

I. Nenhum Cidadão pode ser obrigado a fazer ou deixar de fazer alguma cousa, senão em virtude da Ley.

II. Nenhuma Ley será estabellecida sem utilidade publica.

III. A sua disposição não terá effeito retroactivo.

IV. Todos podem communicar os seus pensamentos por palavras, e escriptos, e publica-los pela Imprensa, sem dependencia de censura; com tanto que hajão de responder pelos abusos, que commetterem no exercicio deste Direito, nos casos, e pela fórma, que a Ley determinar.

V. Ninguem póde ser perseguido por motivo de Religião, huma vez que respeite a do Estado, e não offenda a Moral Publica.

VI. Qualquer póde conservar-se, ou sahir do Imperio, como lhe convenha, levando com sigo os seus bens, guardados os Regulamentos Policiaes, e salvo o prejuizo de terceiro.

VII. Todo o Cidadão tem em sua Casa hum asilo inviolavel. De noute não se poderá entrar nella, se não por seu consentimento, ou para o defender de incendio ou inundação; e de dia só será franqueada a sua entrada nos casos e pela maneira, que a Ley determinar.

VIII. Ninguem poderá ser preso sem culpa formada, excepto nos casos declarados na Ley; e nestes dentro de vinte e quatro horas, contadas da entrada na prisão, sendo em Cidades, Villas, ou outras Povoações proximas aos Lugares da residencia do Juiz; e nos Lugares remotos dentro de hum prazo razoavel, que a Ley marcará, attento a extensão do territorio; o Juiz por huma Nota, por elle asignada, fará constar ao Réo o motivo da prizão, os nomes do seu Accusador, e os das Testemunhas, havendoas.

IX. Ainda com culpa formada, ninguem será conduzido á prizão, ou nella conservado, estando já preso, se prestar Fiança idonea nos casos, que a Ley a admitte; e em geral nos crimes, que não tiverem maior pena, do que a de seis mezes de prizão, ou desterro para fóra da Comarca, poderá o Réo livrar-se solto.

X. A excepção de flagrante delicto, a prizão não póde ser executada, senão por ordem escripta pela Auctoridade legitima. Se esta for arbitraria, o Juiz, que a deo, e quem a tiver requerido, serão punidos com as penas, que a Ley determinar.

O que fica disposto ácerca da prizão antes de Culpa formada, não comprehende as Ordenanças Militares, estabellecidas como necessarias á Disciplina e Recrutamento do Exercito; nem os casos, que não são puramente criminaes, e em que a Ley determina todavia a prizão de alguma pessoa, por desobedecer aos mandados da Justiça, ou não cumprir alguma obrigação dentro de determinado prazo.

XI. Ninguem será sentenciado, senão pela Auctoridade competente, por virtude de Ley anterior, e na fórma por ella prescripta.

XII. Será mantida a independencia do Poder Judicial. Nenhuma Auctoridade poderá avocar as Causas pendentes, susta-las, ou fazer reviver os Processos findos.

XIII. A Ley será igual para todos, quer proteja, quer castigue; e recompensará em proporção dos merecimentos de cada hum.

XIV. Todo o Cidadão pode ser admittido aos Cargos Publicos Civis, Politicos, ou Militares, sem outra differença, que não seja a dos seus talentos e virtudes.

XV. Ninguem será isento de contribuir para as Despesas do Estado em proporção dos seus haveres.

XVI. Ficão abolidos todos os Privilegios, que não forem esencial e inteiramente ligados aos Cargos, por utilidade publica.

XVII. A' excepção das Causas, que por sua natureza pertencem a Juizos particulares, na conformidade das Leis, não haverá Foro privilegiado, nem Commissões especiaes nas Causas Civeis ou Crimes.

XVIII. Organizar-se há quanto antes hum Codigo Civil e Criminal, fundado nas solidas bases da Justiça e Equidade.

XIX. Desde já ficão abolidos os açoutes, a tortura, a

marca de ferro quente; e todas as mais penas crueis.

XX. Nenhuma pena passará da pessoa do Delinquente. Por tanto não haverá em caso algum Confiscação de bens; nem a infamia do Reo se transmittirá aos parentes em qualquer gráo, que seja.

XXI. As Cadeas serão seguras, limpas, e bem arejadas, havendo diversas Casas para separação dos Reos, conforme suas circunstancias e natureza dos seus crimes.

XXII. He garantido o Direito de Propriedade em toda a sua plenitude. Se o Bem Publico legalmente verificado exigir o uso e emprego da Propriedade do Cidadão, será elle previamente indemnisado do valor della. A Ley marcará os casos, em que terá lugar esta unica excepção, e dará as regras para se determinar a indemnisação.

XXIII. Tambem fica garantida a Divida Publica.

XXIV. Nenhum genero de trabalho, de cultura, industria, ou commercio pode ser prohibido, huma vez que não se opponha aos costumes publicos, à segurança e saude dos Cidadãos.

XXV. Ficão abolidas as Corporações de Officios, seus Juizes, Escrivães, e Mestres.

XXVI. Os Inventores terão a Propriedade das suas descobertas, ou das suas producções. A Ley lhes assegurará hum Privilegio exclusivo temporario, ou lhes remunerará em resarcimento da perda, que hajão de soffrer pela vulgarisação.

XXVII. O Segredo das Cartas he inviolavel. A Administração do Correio fica rigorosamente responsavel por qualquer infracção deste Artigo.

XXVIII. Ficão garantidas as recompensas conferidas pelos serviços feitos ao Estado, quer Civis, quer Militares; assim como o direito adquirido a ellas na fórma das Leis.

XXIX. Os Empregados Publicos são strictamente responsaveis pelos abusos e ommissões praticadas no exercicio das suas funcções, e por não fazerem effectivamente responsaveis aos seus Subalternos.

XXX. Todo o Cidadão poderá apresentar por escripto ao Poder Legislativo e ao Executivo reclamações, queixas, ou petições, e até oppôr qualquer infracção da Constituição, requerendo perante a competente Auctoridade a effectiva responsabilidade dos infractores.

XXXI. A Constituição tambem garante os Soccorros Publicos.

XXXII. A Instrucção primaria e gratuita a todos os Cidadãos.

XXXIII. Collegios e Universidades, aonde serão ensinados os Elementos das Sciencias, Bellas Letras, e Artes.

XXXIV. Os Poderes Constitucionaes não podem suspender a Constituição no que diz respeito aos Direitos individuaes, salvo nos casos e circunstancias especificadas no §. seguinte.

XXXV. Nos casos de Rebellião ou Invasão de inimigos, pedindo a Segurança do Estado que se dispensem por tempo determinado algumas das formalidades, que garantem a Liberdade individual, poder-se-ha fazer por Acto especial do Poder Legislativo. Não se achando porém a esse tempo reunida a Assembléa, e correndo a Patria perigo imminente, terá o Governo exercer esta mesma providencia, como medida provisoria e indispensavel, suspendendo-a immediatamente que cesse a necessidade urgente, que a motivou; devendo n'hum e n'outro caso remetter á Assembléa, logo que reunida for, huma relação motivada das prizões e d'outras medidas de prevenção tomadas; e quaesquer Auctoridades, que tiverem mandado proceder a ellas, serão responsaveis pelos abusos, que tiverem praticado a esse respeito. Rio de Janeiro 11. de Dezembro de 1823.

João Severiano Maciel da Costa

Luiz José de Carvalho e Mello

Marianno José Pereira da Fonseca.

João Gomes da Silveira Mendonça.

Francisco Villela Barboza.

Barão de Santo Amaro.

Antonio Luiz Pereira da Cunha.

Manoel Jacinto Nogueira da Gama.

José Joaquim Carneiro de Campos.

Mandamos portanto a todas as Auctoridades, a quem o conhecimento e execução desta Constituição pertencer, que a jurem e façam jurar, e cumprão e façaõ cumprir e guardar tão inteiramente, como nella se contêm. A Secretaria de Estado dos Negocios do Imperio a faça imprimir, publicar, e correr. Dada na Cidade do Rio de Janeiro aos vinte e cinco de Março de mil oitocentos e vinte quatro, terceiro da Independencia, e do Imperio.

Imperador

João Severiano Maciel da Costa

Carta de Ley, pela qual

rial Manda cumprir e guardar inteiramente a Constituição Politica do Imperio do Brazil, que Vossa Magestade Imperial Jurou, Annuindo ás Representações dos Povos.

Para Vossa Magestade Imperial Ver.

Reg.do na Secretaria d'Estado dos
Negocios do Imperio a fl.12 do
L.o 4.o de Liv. Mercês e Cartas
Regias. Rio de Janeiro em 22
d'Abril de 1824.

José Antonio d'Alvarenga Pimentel

Luiz Joaquim dos Santos Marrocos a fez